CHUKOSEI NO TAMENO TETSUGAKU NYUMON : 「OTONA」NI NARU KIMI E by Hitoshi Ogawa

Copyright © Hitoshi Ogawa 2022
All rights reserved.
Original Japanese edition published by Minerva Shobo Co., Ltd.

This Korean language edition published by arrangement with Dainippon-Tosho Publishing Co., Ltd., Tokyo,
in care of Turtle-Mori Agency, Inc., Tokyo, through ERIC YANG AGENCY., Seoul

느닷없이 ✦ 어른이 될
10대를 위한 철학 책

오가와 히토시 글 | 전경아 옮김 | 문종길 감수

오유아이 Oui

왜 어른이 되는 데 철학이 필요할까?

'어른' 하면 무엇이 떠오르는가?

중학생이나 고등학생에게 이런 질문을 하면 흔히 '의젓하다', '책임감이 있다', '사회인이다', '고달프다' 같은 답이 돌아온다. 그렇다면 어른이 아닌 미성년자에 대해서는 '미덥지 않다', '책임감이 없다', '사회인이 아니다', '편하게 산다'는 인상을 갖고 있는 것일까?

뭐, 중고등학생이라면 평소 스스로에 대해 그렇게 느끼면서 살고 있을지도 모르겠다. 나도 중고등학생 때에는 그랬으니까. 아니, 대학생이 되어서도 여전히 그런 느낌이었다. 아, 어쩌면 지금도…….

독일 철학자 칸트(1724~1804)는 에세이 〈'계몽이란 무엇인가'에 대한 답변)에서, 나이에 상관없이 지성을 쓸 줄 모르는 사람을 가리켜 '미성년자'라고 했다. 누군가가 이것저것 가르쳐 주지 않으면 아무것도 하지 못하는 사람이 미성년자라는 것이다. 어린아이를 떠올리면 쉽게 이해된다. 하지만 그런 어린아이도 다른 사람들에게 배우면 곧 자기 힘으로 지성을 사용할 수 있게 된다.

그렇게 해서 오롯이 홀로서기를 할 수 있게 되었을 때, 인간은 미성년 상태에서 벗어난다고 볼 수 있다. 미성년자에 대한 칸트의 정의는 꽤 설득력 있다. 나이가 20세 또는 18세가 됐다고 해서 갑자기 어른스러워지는 건 아니니까.

일본에서는 2022년 4월부터 민법상 성인 나이가 만 20세에서 18세[*]로 낮아졌다. 다시 말해, 만 18세가 되면 어른이라는 뜻이다. 지금 18세, 그리고 이제 곧 18세가 될 사람이라면 좀 느닷없이 느껴질지도 모르겠다. 자신이 어른으로 대접받는 것이 말이다.

도대체 왜 어른과 미성년자를 나이로 구분할까? 칸트가 말한 것처럼 지성을 제대로 발휘할 수 있게 되고 나서 어른으로 대우하는 것이 더 좋을 것 같은데. 아마도 그러면 개인과 사회 양쪽에 문제가 생기기 때문일 것이다. 인간은 누구나 편한 것을 더 좋아한다. 아무런 의무 없이 편한 것을 좇다 보면 언제까지나 어른으로 자라지 못하고 자립하지도 못할 것이다.

그래도 상관없다는 사람도 있을지 모르겠다. 하지만 무엇이든 스스로 결정하고 행동할 수 있다는 건 정말 즐거운 일이다. 그 즐거움을 모르고 살아가는 삶은 참 안타깝다. 그리고 무엇보다 어른으로 자라지 않는 사람이 늘어나면 사회에 문제가 생겨난다. 모두가 책임감 없이 일도 하지 않고, 사회에 관해서도 무관심한 태도로 일관한다면 어떨까. 그러면 사회가 무너져서 모두 잘 살아 나갈 수 없다.

그래서 딱 정해진 때를 두어, 그 뒤부터는 모두가 어른이

*한국에서는 만 19세부터 법률상 어른이 된다. 성인 연령은 나라마다 차이가 있다.

되도록 하는 것이다. 누구나 법률상 어른 나이가 되면 선거권을 가지고 국가의 장래를 결정할 수 있다. 앞으로 사회는 그 구성원들이 어른의 때에 진짜 어른이 되었는지의 여부에 따라 달라질 것이라고 해도 지나치지 않다. 이처럼 어른의 나이에 어른이 되는 건 개인과 사회에 모두 중요한 일이다.

나는 이 책에서 믿음직한 어른이 되는 법에 대한 이야기를 하려고 한다. 그 핵심에 철학이 있다. 왜 어른이 되는 데에 철학이 필요할까? 철학을 배우면 자기 의견을 가질 수 있게 되기 때문이다.

자기 의견을 가질 수 있다는 건 칸트가 말한 미성년 상태에서 벗어나, 지성을 발휘할 줄 아는 믿음직한 어른이 되었다는 뜻이기도 하다. 지금부터 찬찬히 설명하겠지만, 철학이란 자기 머리로 생각하고 그 생각을 말로 표현하는 일이다. 그러므로 어른이 되는 방법으로 철학만큼 알맞은 것이 없다. '어? 철학이 그런 거였어?' 하고 놀라는 소리가 들려오는 것 같다. 자, 지금부터 철학이 무엇인지 함께 파헤쳐 보자.

삶과 사회에 관한 알맹이를 일깨우는 철학 가이드북

고대 그리스의 철학자 소크라테스는 자신에 대한 생각 중에든 상대방과의 대화 중에든 언제나 끊임없이 '그것은 무엇인가?'라는 물음을 던지며, 참된 앎과 지혜의 채굴을 멈추지 않았다. 그는 이로써 얻는 지혜가 곧 행위를 완성한다고 보았고, 그렇게 사는 것이 '자신의 영혼을 돌보는 삶'이라고 가르쳤다. 자신의 무지에 대한 깨달음에 기초해 더 좋은 삶에 관해 고민한 도덕 철학자로서 소크라테스의 이러한 신념을 따라 삶으로서 철학을 정의한다면 '넓게 보고, 깊게 생각하며, 신념을 실천하도록 이끄는 공부'라고 할 수 있겠다.

이 책은 아직 철학, 특히 '실천 철학'적 삶에 관한 성찰이 부족하지만, 이제 이런 삶에 관한 고민을 해야 할 시기에 이른 중고등학생들에게 삶과 사회에 관한 알맹이를 일깨우고,

쭉정이를 가려낼 수 있는 지혜에 관한 처음 시작을 어떻게 할 것인지를 일깨운다. 철학이 있는 삶으로 안내하는 이 책이 지닌 가장 큰 장점은 문장이 간단하면서도 의미는 분명하게 전달하고 있다는 점이고, 다른 하나는 내용이 지나치게 가볍지 않도록 주제들에 어울리는 철학자들을 인용해 내용의 깊이까지 충족했다는 점이다.

이 책이 우리 중고등학생들에게 삶에 관한 '지혜의 책'으로서 역할을 충실히 해내리라 믿으며, 청소년기의 자녀를 둔 부모나 교사에게도 유익하고 즐거운 영감을 제공하리라 믿는다.

문종길(익산고등학교 윤리 교사)

차례

1장   난생처음 철학

2장   고민 많은 10대에게 손 내미는 철학

3장   어른이 된다는 것

1장

난생처음 철학

철학이란 무엇일까?

앎을 사랑하는 학문

'엥? 뜬금없이 웬 철학?' 하고 고개를 갸우뚱하는 사람도 있을 것이다. 나는 이 책에서 어른이 되는 법을 소개하려고 한다. 앞서 썼듯이, 그 구체적 방법이 바로 철학이다.

'철학' 하면 무엇이 떠오르는가? 어디에선가 이름은 들어 봤을 것이다. 안타깝게도 일본에서는 고등학교를 졸업할 때까지 철학을 공부할 기회가 없다.* 그러다 보니 어른도 10대도 모두 철학이라는 학문을 오해하고 있다.

---

* 한국에서는 2022년 개정된 교육 과정에 따라, 고등학교 교양 교과 가운데 '인간과 철학'이 개설되었다.

대체로 철학이라고 하면, 옛날 옛적에 위대한 사람이 쓴 어려운 책을 분석하는 학문으로 생각하는 것 같다. 하지만 그건 철학 연구이지, 철학 그 자체가 아니다.

철학은 끊임없이 지^{知}를 추구한다. 한자 '知'는 앎을 뜻한다. 철학은 고대 그리스에서 탄생했다. '철학의 아버지'라 불리는 소크라테스(BC 470~BC 399)에 따르면, 철학은 앎을 사랑하는 것이다. 앎을 뜻하는 그리스어 '소피아'와 사랑한다는 뜻인 '필레인'이 합쳐져, 철학을 가리키는 영어 '필로소피philosophy'가 되었다.

소크라테스는 뭐든지 아는 척하지 말고 모르면 모른다고 솔직하게 말하되, 모르는 걸 탐구하는 것이 현명하다고 말했다. 모른다는 사실을 아는 것, 즉 '무지^{無知}의 지^{知}'를 실천하는 학문이 바로 철학이다.

모르니까 계속 탐구하는 것이다. 우리는 평소에 '자유'나 '사랑' 같은 말을 자주 쓴다. 자유나 사랑의 뜻을 알고 있다고 생각하기 때문이다. 그런데 정말로 그럴까? 자유나 사랑의 의미는 무엇인가? 새삼스레 정확한 뜻을 따져 물으면, 대답하기 쉽지 않다. 이처럼 우리는 우리가 하는 말의 뜻을 안다고 착각하면서 산다. 소크라테스의 '무지의 지'와 정반대의 태도다. 안다고 믿는 것을 정말로 알고 있는지 굳이 물어봄으로써 철학은 시작된다.

사실 '자유란 무엇인가?', '사랑이란 무엇인가?' 하는 물음은 수천 년 전부터 쭉 이어져 온 철학적 물음이다. 그리고 그 물음은 지금까지도 여전히 탐구 대상이다. 이런 간단한 물음도 아직 풀리지 않았다니, 놀랄지도 모르겠다. 하지만 바로 이런 것이 철학의 재미난 점이다.

여기까지 살펴보았는데, 철학만이 지닌 두 가지 특징이 이미 드러났다. 하나는 뻔히 안다고 여기는 것을 정말로 아는지 묻는다는 점, 또 하나는 끊임없이 묻는다는 점이다. 얼핏 바보스러워 보이겠지만, 두 가지 모두 철학에서 매우 중요한 요소다. 당연히 안다고 여기는 걸 정말 아는지 묻는 학문은 철학뿐이다. 그런데 만약 모든 사람이 자기가 하는 말의 뜻을 잘못 알고 있다면 어떨까? 그러면 그 잘못을 바로잡을 수가 없다. 역사를 돌이켜 보면 그런 일이 수없이 많다. 그렇기 때문에 당연히 안다고 여기는 것을 진짜 정확히 아는지 굳이 따지는 학문이 필요하다.

그렇다 해도, 한번 제대로 논의해 어떤 의미로 할 것인지 결론 내리면 그것으로 끝이지 않느냐고 생각할 수도 있다. 하지만 시대는 변한다. 시대가 변하면 자유나 사랑의 의미도 바뀐다. 그래서 몇 번이고 물어야 한다. 이렇게 똑같은 물음을 계속 던지는 것도 철학만의 특징이다.

철학을 하는 방법

그러면 도대체 그 철학이란 걸 어떻게 하면 될까? 여러 갈래의 길이 있겠지만, 나는 누구나 따라 할 수 있는 가장 간단한 방법을 소개하겠다. '어떠한 것이든 의심하고, 다양한 각도에서 바라본 뒤, 깨달은 것을 재구성하여 말로 표현하는 것'이다.

뻔히 안다고 여기던 것을 다시 탐구하려면, 먼저 의심을 해야 한다. '자유'를 예로 들어 보자. 평소에 쓰던 자유의 의미를 제대로 알아보고 싶다면 원래 알던 의미가 맞는지부터 의심해 봐야 한다.

어떤 말을 그 뜻을 안다고 생각하며 쓰고 있다면, 그 뜻이 맞든 맞지 않든 자기 나름대로 의미를 두고 있을 것이다. 확신에 찬 생각을 가지고 있는 것이다. 그 생각을 의심해 보지 않으면 진짜 의미를 따져 볼 수가 없다. 그래서 철학의 첫걸음은 잘 안다고 생각했던 것을 의심하는 것이다.

만약 자유를 '무엇이든 마음대로 할 수 있는 상태'라고 생각했다면, 그 생각이 맞는지 의심해 보자. 그 생각이 정말 의심스러워진다면, 되도록 다양한 시점에서 다시 생각해 보자.

자유를 여러 시점에서 살펴보자.

예를 들어, 사회 시점에서 보면 자유의 의미는 더 좁혀질 것이다. 모두가 마음대로 행동하면 사회는 성립될 수 없으므로 다른 사람에게 피해를 주지 않는 선에서 누릴 수 있는 것이라는 식으로 말이다. 또한 정부 시점에서 보면 자유는 허용하는 것, 무언가를 실현하게 해 주는 것이 될 수 있다. 우주 시점에서 보면 물리 현상에 맞서 인간이 저항하는 것으로 볼 수도 있다. '세상 모든 것은 우주가 탄생하는 순간부터 정해져 있는데……' 하면서 말이다.

이처럼 자유의 의미를 다양한 시점에서 살펴볼 수 있다. 그런데 여기서 그치면, 그 의미를 확실하게 정할 수가 없다. 그래서 여러 시점에서 살펴본 결과 깨달은 점을 바탕으로, 의미를 재구성해야 한다. 여러 의미 중에서 모든 점을 두루 품은 종합적인 의미를 찾아낸다.

그러면 자유란 인간이 다른 사람과의 관계나 사회라는 정해진 틀 속에서, 그래도 최대한 마음대로 행동할 수 있는 상태라는 결론이 나온다. 여기서 끝내도 되지만, 생각한 결과를 말로 잘 표현하는 것이 철학이기 때문에 좀 더 분명하게 밝힌다면 더욱 좋을 것이다.

머릿속에 떠오른 것을 확실하게 말로 표현하지 못한다면,

아직은 잘 모른다는 증거다. 물론 이 세상에서 일어난 모든 일을 정확하게 말로 표현하기란 쉬운 일이 아니다. 하물며 사람 머릿속에 있는 잡히지 않는 생각이나 감정을 말로 다 표현하는 건 불가능한 일일지도 모른다. 그래도 어떻게든 표현해 보려고 애쓰는 데에 철학의 의의가 있다.

어떠한 것이든 의심하고, 다양한 각도에서 바라본 뒤, 깨달은 것을 재구성하여 말로 표현하는 과정이 없다면 무언가의 의미를 확실히 정할 수 없다. 이처럼 철학을 하려는 노력이 세상에 의미를 만들어 낸다. 앞서 자유의 의미를 깊이 따져 본 결과, 정해진 틀 안에서 원하는 대로 할 수 있는 상태라고 결론 내릴 수 있었던 것처럼 말이다.

물론 자유의 의미는 시대와 환경, 사람에 따라 달라질 수 있다. 그래도 괜찮다. 철학은 한 명 한 명 저마다 다른 개성을 가진 사람이 하는 것이기에, 그 결과로 나오는 답도 다 다를 수밖에 없다.

자유의 의미가 사람마다 다를 수 있지만, 같은 장소에서 여럿이 함께 살아갈 때에는 자기 생각을 다른 사람의 생각과 조율할 줄 알아야 한다. 자유의 의미를 생각하면, 미국이 가장 먼저 떠오른다. 흔히 미국을 '자유의 나라'라고 부른다. 어쨌든 자유를 찾아 유럽을 떠난 사람들이 북아메리카에 만든 나라니까 말이다. 미국 뉴욕항의 리버티섬에 세워진 '자유의 여신상'이 그것을 상징한다.

그러나 자유의 나라 미국에서도 자유의 의미는 하나가 아니다. 적어도 두 개로 나뉜다. 개인이 좋아하는 것을 추구한다는 의미와 모두가 하고 싶은 것을 실현한다는 의미이다. 자유의 의미를 둘러싸고 정당이 크게 둘로 갈라진다. 보수주의를 앞세운 공화당과 진보주의의 민주당이다. 미국에서는 개인이 좋아하는 것을 추구하는 쪽이 보수 사상이다. 반대로, 모두가 하고 싶은 것을 실현할 수 있도록 개인의 자유를 지원하는 쪽은 진보 사상이다. 보수와 진보가 팽팽하게 맞서면서, 또 어떤 자유가 우선이냐고 다투면서도 미국은 그럭저럭 잘 운영되어 왔다. 트럼프(1946~) 전 대통령이 나타나서 조금 위태로워지긴 했지만……

어쨌거나 철학을 공부하고 나서, 우리가 기억할 것은 다툴 때 다투더라도 제대로 다뤄야 한다는 것이다. 이것에 대해서는 뒤에 다시 이야기하겠다.

소크라테스도 같은 고민을 했다!

모두가 고민하며 성장한다

칸트는 어른이 되려면 스스로 지성을 발휘해야 한다고 말했다. 여러분도 지성을 발휘하기 위해서는 철학이 필요하다는 것을 조금은 이해했을 것이다. 철학을 할 줄 알게 되면 자신의 문제도, 사회 문제도 해결해 나갈 수 있다. 왜냐하면 철학은 문제의 본질을 파헤치기 때문이다.

무언가를 의심해 보고 여러 시점에서 살펴본 뒤 깨달은 것을 재구성해 말로 표현하면 그것의 진정한 모습을 볼 수 있다. 사람이 품고 있는 수많은 문제와 고민거리는 그 정체를 알 수 없거나 잘못 알고 있기 때문에 생겨난다.

뭔가를 무서워하는 것도 정체를 알지 못하기 때문이다. 귀신도 로봇도 미지의 세계도 우리가 잘 모르기 때문에 무섭다. 남이나 사회도 마찬가지다. 남이든 사회든 정체를 알면 무섭지 않다. 철학은 바로 그런 일을 가능하게 해 준다.

나는 여러분이 철학을 그렇게 활용하면 좋겠다. 자신의 고민과 주변에서 일어나는 문제, 나아가 사회 문제도 철학을 통해 해결하면 좋겠다. 칸트의 말에서 한발 더 나아가 내 나름대로 표현하면, 어른이 된다는 건 철학으로 문제를 해결할 줄 안다는 것이다.

지금까지 철학이 발전해 온 것도 역사 속 철학자들이 여러분과 마찬가지로 수많은 문제로 고민하고 그 문제를 어떻게든 해결하려고 발버둥 친 덕분이다. 그렇다. 교과서에 멋진 모습으로 실린 철학자들도 젊은 시절에는 여러분과 같은 고민을 끌어안고 안간힘을 다해 씨름했다. 그 결과, 철학은 이만큼 발전했다.

소크라테스는 석공으로 일하다 전쟁이 일어났을 때 병사로 참전한 평범한 아저씨다. 그런데 어느 날 갑자기 한 사람에게서 '당신은 가장 지혜로운 사람'이라는 말을 듣고 고민에 빠졌다. 그래서 실제로 자신이 가장 지혜로운 사람인지 확인하기 위해 총명하기로 이름난 현자를 찾아다니며 문답을 나누었다. 아내가 이제 그런 짓은 그만하고 일이나 하라고 물세례를 퍼부을 정도였다고 한다. 하지만 소크라테스는 궁금한 것을 알아보려는 노력을 계속해 나갔고, 그렇게 철학자가 되어 갔다.

역시 고대 그리스의 철학자인 플라톤(BC 428~BC 347)은 본디 정치에 뜻을 두었으나 잘 풀리지 않았다. 나중에 소크라테스를 만나면서 자신의 철학을 세워 나갔다. 독일 철학자 니체(1844~1900)로 말할 것 같으면, 고민덩어리 같은 사람이다. 그는 왜 자신이 인정받지 못하는지 고민한 끝에, 스스로를 높이 평가하기 위한 미덕을 만들어 냈다. 아울러 기독교가 지배하는 사회에도 문제의식을 느끼고 '신은 죽었다'는 유명한 말을 남겼다.

프랑스 철학자 사르트르(1905~1980) 또한 자신이 태어난 가문과 외모 콤플렉스로 괴로워했다. 이러한 개인적 문제와 함께 당시 일어난 전쟁이라는 사회 문제를 두고 고민한 끝에, 실존주의 사상을 확립했다. 이 사상으로 사르트르는 20세기를 대표하는 지식인으로 인정받았다.

이 철학자들의 공통점은 개인적 고민과 함께 사회에도 문제의식을 가졌고, 그 고민과 문제를 철학으로 풀면서 성장했다는 점이다. 이런 사실을 보면 철학은 결코 현실과 동떨어진

뜬구름 같은 이론이나 논의가 아니라는 걸 알 수 있다. 철학은 역사에 남은 철학자들을 한때 고민에 빠진 한 개인에서 위대한 어른으로 성장시켰던 쓸 만한 수단이다.

고민이 많아서 고민 없이 철학자가 됐고 고민하지 않게 됐다

말장난 같지만, 사실 나도 20대 후반에 큰 고민이 있었다. 그러다가 철학을 만나서, 고민 없이 그 세계로 뛰어들었다. 그 결과, 고민이 사라졌다.

좀 더 자세히 얘기해 보겠다. 나는 20대에 다양한 상품을 개발해 판매하는 기업에 취직했고, 타이완에서 근무하게 되었다. 그곳에서 민주화 운동*을 목격하고, 내가 속해 있는 일본 사회를 새삼 다시 바라보게 되었다. 그리고 일본 사회를 바꾸는 것이 중요하다는 사실을 깨달았다. 내가 일본이라는 평화롭고 풍요로운 사회에서 살고 있다고 생각했는데, 눈을 부릅뜨고 그 속을 자세히 들여다보니 수많은 문제가 숨어 있었다.

* 1949년 타이완의 첫 총통이 된 뒤 나라를 폭력으로 다스리던 장제스가 1975년 사망하자, 타이완 국민들이 독재를 비판하고 민주주의를 주장하며 시작한 운동. 타이완은 국민들의 헌신과 노력에 힘입어 1987년 계엄령을 해제하고 총통 직선제와 다당제를 실시하며 민주주의 국가로 발돋움하였다.

기세 좋게 회사를 그만두었으나 아무 능력도 없었던 나는 금세 좌절하고 말았다. 결국 20대 후반까지 5년 동안 아르바이트를 하며 살다가, 30세를 코앞에 두고 집 안에 틀어박혀 지내는 신세가 되고 말았다. 사회 문제는커녕 내 문제조차 해결하지 못해 괴로워하는 나날을 보냈다.

그때 철학을 만났다. 사람이 궁지에 몰리면 지푸라기라도 잡고 싶어지는 법이다. 당시의 나에게 철학은 그런 지푸라기 가운데 하나였다. 더 젊었을 때에는 철학 따위 아무짝에도 쓸모없다고 거들떠보지도 않았는데 말이다. 아무튼 내가 철학을 처음 만난 건 30세쯤이었고, 본격적으로 배우기 시작한 건 그 이후였다. 그리고 지금은 철학을 가르치는 교수가 되었다.

어찌 됐건 철학과 만난 뒤, 나는 망설임 없이 그 길에 들어서기로 마음먹었다. 철학을 배우면서 어느새 내 고민은 하나둘 사라졌고, 사회 문제도 조금씩이지만 해결해 나갈 수 있게 됐다. 20대 시절에 내가 원했던 능력은 철학이었던 것이다. 이처럼 나는 경험을 통해서 철학이 개인과 사회의 문제를 해결해 주고, 사람을 어른으로 만들어 준다고 믿게 되었다.

돌이켜 보면 철학을 만나기 전까지 나는 나이만 들었지 생각은 미성년자에 머물렀던 것 같다. 회사에 다닐 때 늘 선배에게 "이거 어떻게 할까요?" 하고 물어서 꾸중을 들었다. "일단 네가 알아서 해"라는 얘기를 많이 들었다. 사회를 바꿔 보겠다고 회사를 그만둔 뒤에도 상황은 똑같았다. 사회를 바꾸는 방법이 어딘가에 쓰여 있을 거라고 생각하고, 다른 사람들이 쓴 책을 계속 읽었다. 하지만 그런 건 어디에도 쓰여 있지 않았다. 그래서 좌절하고 말았다. 이제는 확실히 안다. 사회를 바꾸는 방법은 스스로 만들어야 한다는 것을.

물론 지금도 책은 읽는다. 하지만 답을 구하려고 읽지는 않는다. 남에게 의지한다기보다는 힌트를 얻으려고 읽는다. 생각하기 위한 힌트 말이다. 힌트 정도는 책뿐만 아니라 남에게 구해도 되지 않을까. 단, 퀴즈 방송에서 나오는 힌트 같은 건 아니다. 그 힌트는 정답을 아는 사람이 주는, 정답과 연관된 정보다. 그래서 힌트를 얻어 정답을 맞히면 어쩐지 뒷맛이 개운하지 않고 왠지 진 것 같은 기분에 사로잡힌다.

하지만 이 세상에 인생의 고민과 사회 문제에 대한 정답을 아는 사람은 없다. 그러니까 내가 책에서 찾는 힌트는 폭넓게 생각하기 위한 다른 시점 같은 것이다. 우리가 이따금 답을 찾지 못하는 건 같은 시점으로만 보기 때문이다. 다른 시점에서 문제를 살펴보려면 책을 읽거나 남과 이야기를 나눠 봐야 한다. 책과 대화는 우리가 스스로 지성을 발휘하기 위한 도구이다.

철학을 시작한 뒤로, 책을 읽거나 남과 대화하는 것은 나에게 생각의 과정으로 자리매김하게 되었다. 고등학교에 철학 수업이 있다면, 생각의 과정으로서 책을 읽고 대화하는 걸 배울 수 있을 것이다. 하지만 아쉽게도 일본에는 그런 수업이 없다. 이건 사실 큰 문제다. 왜냐하면 수업을 들으면서 생각할 기회가 없다는 뜻이기 때문이다.

철학이 세계를 구할까?

나를 바꾸고 세계를 바꾸는 철학

앞서 일본 고등학교에 철학 수업이 없다고 썼는데, 사실 얼마 전부터 상황이 조금 바뀌었다. 2022년부터 '공공_{公共}'이란 과목이 도입되었기 때문이다. 공공 수업에서는 정치에 대해 생각하거나, 철학 하는 관점에서 세상의 문제를 바라보는 것도 배운다. 이제 고등학생도 진짜 철학을 만날 수 있게 되었다. 이전에는 윤리 과목에서 철학자의 이름과 개념을 배우고 외우는 것으로 그쳤다.

또 고등학교 과목으로 '종합적인 탐구 시간'이 도입되었다. 여기서 탐구는 철학적 탐구라고 보아도 될 것 같다. 이 과목을 배우는 시간에도 철학을 만날 수 있다. 이처럼 새로 생겨난 수업 시간에 학생들이 철학을 배우고 좋아하게 되기를 바란다. 그래서 철학을 자신을 위한 도구로 삼았으면 한다. 생각하는 도구로 말이다.

모든 도구에는 목적이 있다. 철학이라는 도구의 목적은 더 잘 사는 것이다. 생각함으로써 더 잘 살아갈 수 있고, 더 바르게 행동해서 세상을 더 좋게 만들 수 있다. 이것이 철학을 활용하는 길이다. 무엇보다 중요한 건, 깊이 생각함으로써 먼저 자신을 변화시키는 것이다. 거기서 그치지 않고 세계도 변화시켜야 한다. 자기만 변화하고 세계를 바꾸지 않으면, 잘 사는 것이 불가능하기 때문이다.

예를 들어, 가난해서 힘든 사람이 있다고 치자. 지금까지는 그런 사람을 보고도 못 본 척했을지 모르지만, 철학을 배우면 올바른 행동이 무엇인지 곰곰이 생각하게 되고, 힘든 사람에게 손을 내밀 수 있게 된다. 자신이 변한 것이다. 하지만 한 사람을 돕는 것만으로는 문제가 해결되지 않는다는 사실을 깨닫게 된다. 지금 눈앞에 있는 사람을 구해도 또 다른 사람이 같은 문제로 힘들어할 수 있고, 구해 준 사람이 또다시 가난에 허덕일 수도 있다. 다시 말해, 빈곤을 낳는 세계 자체를 바꾸지 않고서는 문제가 해결되지 않는다.

이처럼 철학을 도구로 삼아 더 잘 살아간다는 말에는 철학으로 자신과 세계를 함께 변화시킨다는 뜻이 포함되어 있다. 그렇게 보면, 철학을 만나는 것은 아직 보지 못한 또 다른 세계를 만나는 것과 같다. 부디 이 귀중한 만남을 놓치지 않기를. 과목 이름이야 어찌 되었든 간에 철학을 배울 수 있는 기회를 꼭 붙잡기를 바란다.

만약 중학생이라면 철학 공부를 미리 준비할 필요는 없다. 그저 모든 것을 되도록 유연하게 바라보고, 그것을 말로 표현하는 연습을 하고, 자기 주장을 하면서도 다른 사람들 사이에서 잘 지내는 법을 익혀 두면 된다. 그러면 고등학교에 가서 분명 도움이 될 것이다.

책 한 권이 세계를 바꾼다

철학으로 세계를 더 좋게 만들 수 있다고 했지만, 오늘날 세계는 더 좋아지기는커녕 여전히 문제투성이다. 그래서 나는 세계를 크게 바꿔야 한다고 생각한다. 철학으로 그런 일을 할 수 있다고 하면, 여러분 중에는 내가 철학을 만병통치약 같은 것으로 여기는 게 아닐까 하고 생각하는 사람도 있을 것이다.

세상을 크게 바꾸려면 혁명을 일으키거나, 몇 번이고 혁신을 거듭해야 한다. 그리 간단한 일이 아니다. 하지만 개인이 철학을 통해 배운 것을 사회에서 실천하는 건 그렇게 힘든 일은 아니다. 그럼에도 불구하고, 많은 사람이 그렇게 하지 못하는 이유가 무엇일까? 문제의식이 없거나 철학의 위대함을 모르기 때문이다. 어쩌면 둘 다일지도 모른다. 다행히 최근 들어, 사회 여러 분야가 더 이상 앞으로 나아가지 못한 채 코로나19 사태까지 겪으면서, 세상을 크게 바꿔야 한다는 생각이 많은 사람에게 퍼지고 있다.

그렇다면 이제 남은 것은 철학이 세상을 바꿀 수 있다고 사람들을 설득하는 일이다. 특히 지금 10대인 여러분이 철학을 통해 세상을 바꿔 나갈 수 있다는 사실을 널리 알려야 한다. 청소년들이 철학을 배워서 세상을 변화시켜야 한다!

나는 이런 뜻을 전하려는 사명감으로 이 책을 썼다. 이런 책 한 권이 세상을 바꿀 수 있다니, 어처구니없는 생각이라고 여길지도 모르겠다. 하지만 프랑스 혁명도 시민들의 정치 참여를 강조한 철학자 루소(1712~1778)의 《사회계약론》이 많은 사람에게 퍼지며, 그 영향으로 일어난 것이다.

그래서 나는 철학의 힘을 믿는다. 이 책을 통해 철학을 알게 된 10대 청소년들이 아니, 나이와 상관없이 뜻 있는 사람들이 세상을 바꾸기 위해 일어서기를 바란다. 물론 혁명을 일으키자는 말은 아니다. 철학의 중요성을 깨닫고, 철학을 통해 개인의 고민을 해결할 뿐 아니라 더 나아가 사회 문제를 풀어 나가자는 얘기다.

마지막으로, 최근에 철학을 토대로 세상을 바꾸자는 주장을 펼친 사람을 소개하겠다. 경제학자 사이토 고헤이(1987~)*다. 그는 19세기 독일 철학자 마르크스(1818~1883)의 사상에 대한 새로운 견해를 내놓았다. 마르크스는 모두가 평등하게 부를 나눠 가져야 한다는 사회주의를 주장한 것으로 유명한데, 단순히 그뿐만이 아니라는 것이다. 마르크스가 남긴 여러 자료를 살펴보면, 환경 문제에도 무척 관심이 많아서 지구 환경을 지키기 위해 지나친 발전을 억제하고 지속 가능한 사회를 만들어야 한다고 주장했다고 한다.

사이토 고헤이가 이런 내용이 담긴 책을 발표하고 기자 회견을 열었을 때 재미있는 말을 했다. 코로나19 백신을 만들었다는 내용이라면 분위기가 더욱 후끈 달아올랐을 텐데, 자신은 그게 아니라 바이러스의 원인이기도 한 자본주의에 대한 백신으로서 사회주의에 대한 책을 썼다는 얘기였다.

다시 말해, 과학자는 백신을 만들어 바이러스를 억제하고

---

* 일본 도쿄대학교 종합문화연구과 교수로, 기후 위기 시대에 마르크스의 탈지본주의 이론에 대한 획기적 해석을 담은 《지속 불가능 자본주의》를 내놓아 뜨거운 주목을 받았다.

세상을 바꾼다면, 철학은 그 원인인 사회의 구조 자체를 바꿈으로써 세상을 바꾸려 하는 것이다. 어떻게 보면 철학이 더 근본적인 해결을 꾀한다고 할 수 있다. 과학자를 꿈꾸는 사람이든 그렇지 않은 사람이든, 철학으로 세상을 바꿀 수 있음을, 세상을 구하는 것의 의미를 꼭 기억해 주길 바란다.

2장

고민 많은 10대에게 손 내미는 철학

공부는 꼭 해야 할까?

이 장에서는 10대들이 흔히 겪는 몇 가지 문제를 철학적 관점에서 살펴보려고 한다. 철학을 도구로 삼아 실제 문제들을 어떻게 마주하고 풀어 나갈 수 있는지 그 예를 보여 주겠다.

단, 앞서 썼듯이 인생의 고민과 사회 문제의 답을 책에서 구하려 들면 안 된다. 책에 나온 답이 누군가에게는 정답일지 모르지만, 책을 읽는 모든 사람에게 들어맞을 수는 없기 때문이다. 정답은 스스로 찾아봐야 한다. 내가 여기서 알려 줄 수 있는 건 관점이라는 이름의 힌트뿐이다.

먼저 '공부를 왜 해야 할까?' 하는 물음에 대해 살펴보자.

공부를 해야 하는 이유를 알려면, 우선 공부가 무엇인지 제대로 이해해야 한다. 이것이 철학이 문제를 대하는 기본 자세다. 즉, 문제의 본질을 분명하게 밝히고 나서 이유와 옳고 그름을 가린다는 말이다. 왜 필요한지, 좋은지 나쁜지는 문제의 본질을 밝힌 뒤에 알아보아야 한다.

평소 우리는 문제의 가장 깊은 곳에 있는 핵심을 건너뛰고 생각하려고 한다. 이건 마치 코로나19 바이러스가 무엇인지 모른 채, 코로나19 사태에 대처하려고 하는 것과 같다. 무엇인지도 모르는데 어떻게 대책을 세울 수 있을까? 이처럼 이치에 맞지 않는 일이 우리에게 자주 일어난다. 특히 익숙한 것에 이런 식으로 대응할 때가 많다. 왜 그럴까? 코로나19 바이러스는 생소해서 그게 뭔지 알아보려고 하지만, 공부처럼 늘 당연히 해야 한다고 여겨 온 것은 이미 잘 안다고 생각하기 때문이다.

하지만 정말로 그럴까? 공부란 무엇인지 바로 대답할 수 있는가? 아마도 공부란 지식을 얻는 것이라고 생각할 것이다. 물론 그 생각도 맞지만, 공부의 한쪽 면만 바라본 생각이다. 그러면 공부의 진짜 모습은 무엇일까? 그것을 알려면 먼저 공부에 대해 본디 갖고 있던 생각을 의심해 보아야 한다. 공부는 지식을 얻기 위해서만 하는 게 아닐지도 모른다고 말이다.

그러고 나서 여러 관점에서 다시 살펴보아야 한다. 예를 들어, 학교 공부로 말하자면 수업 시간 내내 꼼짝없이 앉아서 교사 얘기를 들어야 하기 때문에 공부는 인내를 배우는 시간이라고 볼 수 있다. 또 수업 내용을 자세히 따져 보면, 지식이 아니라 문제를 푸는 방법이나 그것을 조사하는 방법처럼 정답에 이르는 기술을 익히는 거라고 볼 수도 있다.

부모 관점에서 학교 공부를 본다면 어떨까? 물론 아이가 지식을 얻는 시간이겠지만, 이상한 짓을 하지 않고 얌전히 있는 시간이라는 의미도 있다. 공부하고 있으면 어쨌든 안심이니까. 사회의 관점에서 학교 공부는 아이들이 저마다의 힘으로 살아가기 위한 훈련으로 여겨진다. 아이들이 아무것도 배우지 않고 사회에 나가면 할 수 있는 일이 별로 없으니 말이다. 사회인으로 자립하기 위한 공부에는 스스로 생각하고 의견을 말하는 것도 포함된다.

이처럼 다양한 관점에서 살펴보면, 공부가 단지 지식을 얻기 위한 것이 아님을 알게 된다. 이제 여러 관점의 의미를 하나로 모아 보자. 그러려면 공통으로 나타나는 것들을 가려내야 한다. 내 나름대로 정리해 보면, 공부는 사회에서 살아가기 위해 노력하는 것이다. 좀 더 짧게 줄이면 '공부란 살아가기 위한 노력'이다. 실제로 사회에 나와서 경험하는 것에도 공부라고 부를 만한 것이 있다. 그러고 보면 인생은 공부의 연속인 셈이다.

공부를 살아가기 위한 노력이라고 보면, 오히려 공부하기 싫어하는 자신이 신기하게 여겨지지 않는가? 살아가기 위한 노력을 하지 않는 사람은 거의 없다. 그런데도 공부를 싫어하고 거부하는 사람이 많은 건 다른 데에 문제가 있기 때문이다.

한마디로, 공부 방식에 문제가 있다. 그러므로 학생뿐 아니라 학교가 달라져야 한다. 학교가 공부의 뜻을 더 확실하게 살펴서, 아이들이 즐겁고 적극적으로 공부할 수 있는 환경을 만들어야 한다. 아이들이 공부를 싫어하는 건 아이들 탓이 아니라, 공부를 강요하는 사회 탓이다. 또 그런 사회를 만든 어른들 탓이다. 이런 말을 하면 어른들은 못마땅한 표정을 짓는다. 나도 어른이라서 잘 안다.

그래도 여러분은 '어른들이 그러니까 공부하기 싫은 거야. 이제 공부 안 할래' 해서는 안 된다. 그보다는 공부가 싫은 건 자신이나 자신의 머리가 나빠서가 아니라, 방식에 문제가 있어서라는 걸 깨닫고 용기를 얻는 게 좋지 않을까.

공부하기 싫어서 손해를 보는 사람은 아이 자신만이 아니다. 부모도 사회도 손해를 본다. 더 나아가 미래에 어른이 된 아이 본인도 손해를 보게 될 것이다. 이 사실을 깨달았다면, 모두 다 같이 공부 방법을 바꿔 나가야 한다. 그러니 10대인 여러분도 지금 반드시 공부해야 하는 당사자이자, 곧 어른이 되는 처지에서 공부 방법을 함께 생각해 보자.

방금 나는 공부란 살아가기 위한 노력이라고 말했다. 이 말은 공부는 아이만 하는 것이 아니라 어른과 사회도 해야 한다는 뜻이다. 아울러 아이가 공부하도록 해야 어른이 살아갈 수 있고, 사회가 유지될 수 있다는 뜻이기도 하다. 다시 말해, 어른과 사회는 아이가 공부할 수 있도록 힘을 모아야 한다. 이것이 바로 노력의 의미다.

요즘에야 비로소 많은 사람이 함께하는 공부의 중요성을 깨닫기 시작했다. 그래서 곳곳에 지역 사회 학교community school*가 생겨나고, 학생들이 수업에서 배운 지식이나 기술을 실제 문제 해결에 적용해 보는 '과제 해결형 학습' 기회가 많아지고 있다.

---

* 지역 사회와 밀접한 관계 속에서 주민 교육을 비롯해 지역 사회 발전을 돕는 여러 일을 벌이는 학교.

공부는 모든 사람의 것이며 모두가 노력하는 것이므로, 아이에게만 맡겨서는 안 된다. 그러면 구체적으로 어떻게 해야 할까. 어려운 문제 같지만 공부의 본질을 알면 저절로 답이 나온다. 공부의 본질은 살아가기 위한 노력이었다. 그 말은 살아가기 위해 필요한 일을 해야 한다는 뜻이다. 여기서 더 나아가, 그 일을 즐겁게 할 수 있어야 한다. 목적에만 사로잡히면 이 부분을 소홀히 여기기가 쉽다.

예부터 학자들은 인간이 노는 것을 최우선으로 여겼다고 주장해 왔다. 네덜란드의 문화 인류학자 요한 하위징아(1872~1945)는 인간을 가리켜 '호모 루덴스homo ludens', 즉 '놀이하는 인간'이라고 불렀다. 또한 미국의 사회 철학자 에릭 호퍼(1902~1983)는 '인간은 진흙으로 도구를 만들기 전에 장난감을 먼저 만들었다'고 말했다.

그러므로 즐기는 것을 소홀히 하지 않으면서, 살기 위해 필요한 것을 공부하는 것이 좋다. 이러한 공부의 예로, 최근 늘어나고 있는 과제 해결형 학습이 있다. 이 학습법은 무턱대고 지식을 얻기 위해 배우는 게 아니라, 실제 문제를 해결하기 위해 필요한 지식을 공부하는 것이다.

이런 공부라면 좀 더 적극적으로 나설 수 있지 않을까? 그래도 여전히 즐기는 것이 부족하다. 안타깝게도 일본인의 지나치게 성실한 태도가 공부를 즐기지 못하게 만든다. 이런 태도 때문에 일본에서는 미국에서처럼 큰 혁신이 일어나지 않는 것 같다. 무엇을 혁신으로 보느냐에 따라서 얘기가 달라질 수도 있겠지만, 적어도 오늘날 스마트폰이나 인터넷과 관련된 혁신은 대부분 미국에서 일어나고 있는 것이 틀림없다.

나는 미국인의 유머러스한 태도가 그런 혁신을 이끌어 냈다고 생각한다. 내가 미국에서 살면서 느낀 것은 미국인들이 늘 농담으로 고정된 일상을 벗어나려고 한다는 점이다. 반면에 일본인은 일상에서 벗어나는 것을 달갑게 보지 않는다. 농담은 적당히 하라는 식이다. 그런 사고방식으로는 새로운 아이디어를 낼 수가 없다.

학교에서 새로운 것을 배울 때는 틀에서 벗어날 줄도 알아야 한다. 물론 이때 마음가짐은 수업이 제대로 진행되지 않도록 만드는 무질서와 다르다. 교사를 비롯해 모든 사람이 일상을 벗어나기로 합의하고, 그 틀 안에서 일탈을 즐기는 것이다. 이것이 오히려 질서 있는 행위라고 볼 수 있다. 새로운 것이 요구될 때에는 거기에 응하지 못하는 융통성 없음이나 고지식함이 도리어 질서를 거스르는 무질서인 셈이다. 이 사실을 아이와 어른 모두가 깨닫는다면, 공부 방식은 분명 크게 달라질 것이다. 일단 먼저 즐길 수 있는 것부터 시작하자.

왕따는 왜 사라지지 않을까?

왕따란 무엇일까?

왕따는 언제나 있어 왔다. 시대 상황에 따라 그 수가 좀 더 많아지기도 하고, 질 나쁜 집단 괴롭힘 사건이 보도되면 왕따가 크게 늘어난 것처럼 느껴지기도 한다. 하지만 하루아침에 정말 그렇게 늘어났다기보다는 왕따를 조사하는 방법이 달라졌거나 미디어에서 보도하는 방식에 따라 사건들이 우르르 끌려 나와서 왕따가 갑자기 많아진 것처럼 보일 뿐이다.

어쨌든 왕따는 사라지지 않는다. 이유가 뭘까? 다름 아니라 인간 본성 때문이다. 서둘러 결론을 내리기 전에 왕따가 무엇인지부터 살펴보자.

왕따 또는 집단 괴롭힘의 의미는 많은 사람이 한 사람을 따돌리고 무시하는 일이다. 학교와 직장 안에서 일어나는 왕따가 가장 흔하다. 하지만 꼭 여럿이 한 명을 괴롭히는 것만이 아니고, 직장에서 선배가 신입 사원을 괴롭힐 때처럼 일대일로 이뤄지기도 한다.

핵심은 한쪽이 압도적으로 강한 힘을 가지고 상대를 일방적으로 괴롭히는 상태를 가리킨다는 점이다. 이때 괴롭힘은 신체적 폭력만이 아니다. 언어 폭력은 물론이고, 무시하는 것도 포함된다. 이처럼 몸뿐 아니라 마음에도 상처를 주는 것이 왕따다. 그래서 흔히 왕따에는 '은밀한', '은근히'*라는 말들이 붙어 다닌다. 이런 말들이 붙은 만큼, 험담은 왕따에서 가장 흔하게 볼 수 있는 은밀한 수법의 대표라고 할 수 있다. 그 사람이 없는 곳에서 그에 대한 험담을 한다. 그러면서 인격을 깎아내리는 것이다.

놀림과 장난이 왕따의 시작이라고 말하기도 하지만, 이 정도는 상대와 마주한 상태에서 이뤄지기 때문에 괜찮다. 얼굴을 마주 본 상황에서라면 상대가 듣기 싫은 말을 하더라도 아직은 참아 줄 만하다. 상대도 알고 공격도 보여서 듣는 사람이

---

* 한 집단 안에서 특정한 사람을 따로 은근히 떼어 멀리하는 일을 '은따'라고까지 한다.

맞받아칠 수 있기 때문이다.

　그러나 험담, 콕 짚어 '뒷담화'의 경우에는 상황이 달라진다. 정확히 누가 뭐라고 했는지 알 수가 없다. 이것은 상상을 뛰어넘는 공포를 일으킨다. 누가 그랬는지 모르면 되받아칠 수 없다. 이렇게 비겁한 일이 또 있을까. 보이지 않는 적에게 공격당하면 엄청난 스트레스를 받는다. 괴롭힌 상대가 노리던 대로, 마음이 갈기갈기 찢기고 만다.

　왕따는 칼로 심장을 찌르는 행위와 같다. 심장에 칼을 꽂는 살인 행위와도 같다는 말이다. 실제로 왕따를 당해 마음에 상처를 입고 스스로 목숨을 끊는 사람도 있기 때문에 결코 지나친 표현이 아니다. 괴롭히는 쪽은 무심결에 한 행동이라고 대수롭지 않게 여기지만, 실은 자신이 상대의 심장을 칼로 찔렀다는 사실을 알아야 한다.

　왕따는 아주 비겁하고 위험한 행동인데도 왜 이렇게 자주 일어날까? 그리고 왜 사라지지 않을까? 그게 문제다. 나는 왕따를 생각할 때마다 영국의 정치 철학자 토머스 홉스(1588~1679)의 '만인의 투쟁'을 떠올린다. 홉스는 인간은 내버려두면 욕구를 채우기 위해 서로 다툰다고 보았다. 이것이 '만인의 투쟁'이다. 그래서 홉스는 모두가 왕에게 권리를 넘겨주어서 그 다툼을 없애자고 제안했다.

이것은 분명 인간들 사이의 다툼을 없애 줄 좋은 방법이다. 국가도 그런 방식으로 운영되고 있다. 아니, 국가뿐 아니라 학교도 그렇다. 교실 안에서 학생들은 교사에게 권리를 넘겨주고, 그 관리 아래에서 얌전히 지낸다. 왕따가 일어나지 않는 것도 교사가 눈을 부릅뜨고 지켜보기 때문이다. 본래는 그래야 마땅하다.

왜 본래는 그래야 한다고 썼느냐 하면, 실제로는 교실에서 왕따가 버젓이 일어나고 있기 때문이다. 왜 그럴까? 홉스의 '만인의 투쟁' 논리로 보자면, 두 가지 시나리오를 생각할 수 있다. 바로 '파수꾼의 도주' 또는 '만인의 도주'다.

교사는 교실에서 파수꾼 같은 존재다. 그런데 앞서 말한 만인의 투쟁 상태를 피하려고, 교사가 문제를 보고도 못 본 척하고 도주해 버리는 일이 많다. 그러고선 사실이 밝혀지면, 왕따가 있는지 몰랐다고 빤한 거짓말을 하며 도망친다. 이게 '파수꾼의 도주'다. 그리고 '만인의 도주'란, 교사가 도움이 안 되는 상황에서 피해자가 의지할 데라고는 같은 반 친구들뿐인데, 그들 모두가 방관자가 되어 문제를 외면하는 것이다.

이래서는 왕따가 사라질 수 없다. 누군가가 가해자에게 '네 행동은 비겁하다'라거나 '네 잘못이다'라고 말하면, 피해자 심장에 칼을 꽂는 행위를 멈추게 할 수도 있다. 하지만 모두가 도망쳐 버리면 아무도 가해자를 멈추게 할 수 없다.

이런 상황에서 왕따를 없애려면 더 큰 힘에 권리를 맡기는 수밖에 없다. 이를테면 학교에 경찰을 부르거나 곳곳에 감시 카메라를 달거나 하는 방법이다. 하지만 그러면 자유와 사생활 침해 문제가 생겨 모두가 반발한다. 그래도 어쩌랴. 파수꾼과 만인의 도주를 막지 못하면 개인의 권리를 잃는 것도 어느 정도 감수해야 한다. 오늘날 우리 사회는 그 기로에 서 있다.

왜 남을 괴롭히려고 할까?

코로나19 사태의 여파 때문인지 요즘 세계 곳곳은 폭발 직전처럼 불안하다. 실제로 전 세계에서 갖가지 충돌과 다툼이 쏟아져 나오고 있다. 미국에서는 2020년 5월 25일 미네소타 주 미니애폴리스에서 경찰의 과잉 진압으로 한 흑인 남성이 사망하면서 인종 간 대립이 거세어졌다. 이 사건을 시작으로 '흑인의 목숨도 소중하다Black Lives Matter'라는 구호*가 세계 곳곳으로 퍼져 나갔다. 일본에서는 코로나19 바이러스에 감염된 사람들에 대한 차별과, 영업 자제 기간에 문을 여는 상점

---

* 2012년 미국에서 흑인 소년을 죽인 백인 방범요원이 이듬해 무죄 평결을 받고 풀려나면서 일어난 흑인 민권 운동에서 비롯된 시위 구호이다.

주인을 괴롭히는 자숙 경찰* 문제가 불거졌다. 세계적으로는 가정 폭력도 크게 늘어났다고 한다.

이처럼 폭발 직전의 불안한 환경에서는 약자가 화풀이 대상이 되기 쉽다. 그런데 왜 사람들은 자기보다 약해 보이는 사람을 위에서 '찍어 누르듯' 괴롭히는 걸까? 아마도 뭔가가 불만족스럽기 때문일 것이다.

그렇게 보면 왜 오늘날 많은 사람이 남을 찍어 누르려고 하는지 납득이 간다. 요즘에는 모두가 불만을 안고 살아간다. 최근 30여 년간 경제 성장이 제자리걸음 수준인 일본에서는 좀처럼 희망이 보이지 않는 상황이 이어지고 있다. 거기에 쐐기를 박듯이 코로나19 사태까지 벌어져, 사람들의 불만이 머리 꼭대기까지 치솟았다.

이런 상황에서 사람들은 불만을 쏟아 낼 상대를 찾는다. 어쩌다 만만한 상대를 찾기라도 하면 괴롭히기 시작한다. 이렇게 왕따가 시작된다. 사람들은 흔히 눈에 띄거나 특이한 사람을 왕따 대상으로 삼는다. 게다가 상대가 강하면 귀찮은 일이

---

* 일본에서는 코로나19 바이러스에 대한 방역 대책이 시민들에게 스스로 조심하도록, 자발적 자숙을 요청하는 방식으로 이뤄졌다. 이런 상황에서 정부 권고에 따르지 않는 사람을 시민들이 직접 나서서 적발해 내고 공공연히 비난하거나 해코지하는 일이 벌어졌다. 이처럼 시민으로서 같은 시민을 감시하고 적발하는 이들을 '자숙 경찰' 또는 '마스크 경찰'이라고 부른다.

생기니 약하고 얌전한 사람을 노린다. 만약 괴롭힐 만한 사람이 없거나, 괴롭히려고 하는 상대가 심지가 강해 보이면 먼저 고립시켜서 약하게 만든다. 이렇게까지 해서 괴롭히려 한다. 이런 일은 예전부터 있었지만 요즘 크게 늘어났다.

현실에서도, 인터넷에서도 야비한 집단 폭력이 곳곳에서 벌어지고 있다. 한 예로, SNS 악플 세례를 들 수 있다. 누군가가 공격을 시작하면, 나라 전체에서 수많은 사람이 그 대상에게 한꺼번에 공격을 퍼붓는다. 아무런 원한도 없고 심지어 자세한 사정도 모르면서, 그저 남들이 모두 공격하니 덩달아 공격에 뛰어든다. 이처럼 자신의 불만을 풀지 못해, 만만한 상대를 골라 괴롭히거나 악플을 아무렇지 않게 즐기는 현대인의 병든 마음이 '왕따'라는 불에 기름을 붓고 있다는 걸 알아야 한다.

친구 사귀기가 왜 어려울까?

── 친구란 무엇일까? ──

초등학교에 다닐 때까지는 자연스럽게 친구가 생기지만 그 뒤로 점차 친구를 사귀기가 어려워진다. 어른이 되면 꽤 의식 하고 노력하지 않으면 친구를 만들기가 힘들다. 그래서 '친구' 하면 어린 시절 친구를 떠올리는 사람이 많다. 나도 그렇다.

왜 친구 사귀기가 점점 어려워질까? 여러분에게 친구란 어떤 존재인가? 같이 노는 사람? 함께 있으면 즐거운 사람? 공부나 운동을 가르쳐 주는 사람? 그렇다. 친구는 무언가를 함께하는 존재다.

무언가를 함께하려면 상대에게 맞춰 줄 줄 알아야 한다. 상대에게 무언가를 배울 때도 그렇다. 배려해야 한다. 이것이 친구를 사귈 때 가장 중요한 점이다. 중학생, 고등학생, 대학생, 그리고 사회인이 되면 상대를 배려하는 방식이 달라진다. 다시 말해, 친구도 배려해야 되는 존재다. 초등학생 때나 중학생 때에는 친구에게 배려해야 한다는 생각을 별로 하지 않는다. 그런데 나이가 들면서 상황이 점점 바뀐다.

사회인이 되면 새로 사귄 친구에게 갑자기 전화하기가 어렵다. 혹시 친구에게 폐가 될까 봐 망설이게 된다. 편하게 반말을 하지 못하고 내내 존댓말을 쓰기도 한다. 그런 사람을 친구라고 할 수 있을까 하고 고개를 갸웃거릴지도 모르지만, 무언가를 함께하는 존재라면 친구라고 불러도 틀리지 않다. 단, 진정한 친구인지 묻는다면 선뜻 대답하기 어렵겠지만.

여러분은 어떤가? 친구가 많다면, 그 가운데 진정한 친구는 몇이나 되는가? 친한 친구로 바꿔 생각한다면? 아마 손에 꼽을 정도밖에 안 될 것이다. 이처럼 진정한 친구는 드물다. 지금은 SNS로만 연결된 사람도 친구라고 하니, 진정한 친구의 의미를 확실히 해 둘 필요가 있다. 어떤 사람이 진정한 친구일까?

고대 그리스 철학자 아리스토텔레스(BC 384~BC 322)는 우정을 '필리아'라고 불렀다. 필리아는 사랑의 한 종류로, 여기서는 사랑이라고 표현하겠다. 아리스토텔레스는 필리아, 즉 사랑에는 세 종류가 있다고 했다. 그것은 각각 유익함, 즐거움, 선에 기반을 둔 사랑이다.

유익함에 기반을 둔 사랑은 상대가 이익을 주기 때문에 유지되는 것이다. 앞서 말한 공부나 운동을 가르쳐 주는 친구가 여기에 속한다. 즐거움에 기반을 둔 사랑은 딱히 눈에 보이는 이득은 없지만 상대와 있으면 왠지 기분이 좋아서 사귀는 것이다. 얼핏 문제없어 보이지만, 즐거움을 느끼려고 상대를 도구로 삼는 것처럼 보이기도 한다. 이런 우정은 진짜가 아니다. 쓸모없어지거나 마음이 불편해지면 바로 사라질 테니까. 하지만 선에 기반을 둔 사랑은 다르다. 이것은 상대가 바라는 선을, 상대를 위한 마음으로 함께 바라는 사랑이다. 무슨 일이 있을 때 문득 걱정하게 되는 관계 같은 것이다. 서로에게 딱히 바라는 것이 없지만, 만나면 즐거운 시간을 보낼 수 있다.

아리스토텔레스는 우정이란 상대를 자기의 분신처럼 생각하는 것이라고도 말했다. 자기의 분신이라고 생각하기 때문에 아무것도 요구하지 않고 무슨 일이 있으면 걱정하게 된다. 여러분도 이런 우정을 나눌 수 있는 친구를 꼭 찾으면 좋겠다. 되도록 학생 시절에 찾으면 좋다. 어른이 되면 좋은 점도 많지만 친구를 사귀는 게 힘들어진다. 선에 기반을 둔 사랑과 어른이라서 해야 하는 배려는 비슷해 보여도 전혀 다르다.

하지만 어른으로서 갖춘 배려심은 주위 사람들과 더불어 지내기 위해 필요하다. 배려심이 없으면 친구를 만들지 못할 뿐더러 일도 잘 풀리지 않는다. 인간관계가 불편해진다. 그러므로 어린 시절에 진정한 친구를 많이 사귀어 두고, 어른이 되면 주위 사람들과 잘 지내는 것이 가장 좋다. 물론 어른이 되어서도 진정한 친구를 사귈 수 있다. 시간은 좀 걸리겠지만 그만큼 정도 깊어진다.

외모가 인간 관계를 좌우할까?

요즘 사람들은 외모에 지나치게 신경을 쓴다. 빠르면 초등학생 때부터, 늦어도 고등학생쯤 되면 다들 외모에 신경을 쓰기 시작한다. 옷차림과 머리 모양뿐 아니라 이목구비, 표정, 전체적인 스타일까지 신경 쓴다.

아름다움을 느끼는 감각은 어느 정도 본능에 속하고 패션도 문화로서 발전해 왔지만, 소비 사회에 접어들면서 외모 중시 풍조는 걷잡을 수 없이 심해졌다. 소비 사회는 살아가기 위해 필요한 것 이상으로 소비가 이루어지는 사회를 가리킨다. 이런 소비 사회는 주로 고도로 발달한 산업화 사회에서 볼 수 있다.

사람들이 필요 이상으로 소비를 하는 건 프랑스 사상가 장 보드리야르(1929~2007)*의 주장처럼 기호를 소비하기 때문이다. 상품의 기능이 그대로여도, 겉모습이나 브랜드가 새로워지면 또다시 갖고 싶어 한다.

현대 사회가 과잉 소비 사회로 접어들자 자연스레 과잉 외모 중시 사회가 되었다. 지나치게 외모를 중요하게 여기는 사회가 극단에 치달으면서 타고난 얼굴과 몸마저 바꾸려고 하는 현상이 나타났다. 더욱이 요즘에는 성형 비용이 낮아져서, 젊은 층을 중심으로 얼굴과 몸을 바꾸려는 사람들이 늘고 있다.

갸름한 얼굴로 만들려고 얼굴뼈를 깎고, 심지어 허리를 잘록하게 보이려고 갈비뼈 빼는 수술까지 하기도 한다. 모든 종류의 성형에 반대하는 건 아니지만, 좀 지나치지 않나 싶을 때가 있다. 특히 목숨이 위태로워질 수 있는 수술을 받으려고 하는 사람을 볼 때 그렇다.

이쯤 되면 소비 사회만으로는 설명이 안 된다. 여기에 더해 작용하는 다른 요소가 있다고 볼 수밖에 없다. 최근 윤리학계에서 '루키즘 lookism'이라는 말이 자주 사용된다. 루키즘은 영

---

* 현대 소비 사회의 특징을 분석하고, 소비가 어떻게 개인의 삶을 지배하는지 설명한 사회학자.

어로 보다를 가리키는 'look'과 이론이나 학설을 뜻하는 'ism'이 합쳐져 만들어진 말로, 외모에 너무 집착하는 '외모 지상주의'를 의미한다. 외모가 매력적인 사람은 좋은 대우를 받고, 그렇지 못한 사람은 그다지 좋은 대우를 받지 못하며 기회도 얻지 못하는 것을 가리킨다.

이러한 외모 지상주의가 널리 퍼지면, 누구나 성형하고 싶어진다. 게다가 요즘은 비용 면에서도 심리적인 면에서도 부담스럽지 않게 성형할 수 있는 사회니까. 그런데 과연 그런 사회가 괜찮은 걸까? 여기에 대해서 더 깊이 따져 보아야 한다.

성형으로 바꿀 수 없는 것도 있다. 예컨대 키는 간단히 바꿀 수가 없다. 그렇다면 작은 키가 문제인 사람은 평생 열등감을 가지고 살아야 할까. 타고난 외모를 부정하는 것 자체도 문제다. 물론 성형할 수 있고, 그렇게 해서 행복하다면 그것도 나쁘지 않다고 생각한다. 하지만 모두 비슷비슷한 얼굴과 몸매를 지니게 되면 저마다의 개성은 어떻게 되는 걸까? 외모에 지나치게 신경 쓰는 마음은 내면에도 그림자를 드리우지 않을까? 사실 이 점이 가장 큰 문제다. 다른 사람들과 같아야 한다거나 다른 사람들보다 나아야 한다는 생각이 인간에게서 개성을 빼앗아 간다.

외모 지상주의 사회가 도착하게 되는 곳은 외모뿐 아니라 내면의 개성마저 잃은 단조롭고 쓸쓸한 사회일 거란 생각을 떨쳐 낼 수가 없다. 그런 사회를 만들지 않으려면 자기 자신에게 자신감을 갖고, 있는 그대로를 좋아하는 사람들이 많아져야 한다.

사람들은 흰머리를 염색하지 않고 자연스럽게 둔 배우를 보고 뜻밖에도 칭찬한다. 살쪄도 그게 자기 개성이라고 당당하게 말하는 탤런트를 보면서 환호하기도 한다. 이런 걸 보면 사람들 마음속 깊은 곳에, 실은 있는 그대로가 좋다는 생각이 있는 것 아닐까 싶다. 여러분도 마음의 소리에 귀를 기울여 보자.

나만 가족이 힘들까?

가족이란 무엇일까?

코로나 탓이라고 해야 할까, 코로나 덕분이라고 해야 할까. 어쨌든 우리는 코로나19 사태를 계기로 가족을 다시 생각하게 되었다. 원격 수업과 재택 근무가 길어지고 바깥 활동을 전처럼 하지 못하게 되자, 온 가족이 집에 있는 시간이 늘어났다. 그만큼 친밀해지기도 했지만, 숨 돌릴 곳이 사라지면서 다툼도 많아져 가정 폭력도 늘어났다. 스트레스의 분출구가 가족 가운데 약한 사람에게로 향하고 말았다.

코로나19 사태 때 가정 폭력이 도드라져 보였지만, 본디 가족에게는 그런 문제가 생길 가능성이 많다. 실제로 생판 남남인 사람들 사이에서보다 가족 사이의 범죄율이 높다고 한다. 가까이에 있으니까 부딪칠 일도 많을 수밖에 없다.

그래도 일반적으로 가족이라고 하면, 서로 사랑하고 돕는 존재라고 여긴다. 자기 경험상 그렇지 않다는 사실을 잘 알면서도 '우리 가족만 예외겠지' 하고 넘긴다. 실은 다들 겉으로만 사이가 좋은 척 연기하는 것인데도 말이다. 모두가 진짜 모습을 숨기고 있으니 제대로 볼 기회가 없다.

수치스러운 가족 문제를 일부러 드러내는 사람은 없다. 되도록 숨기려고 한다. 왜냐하면 가족 모두가 피해를 입을 수 있기 때문이다. 설령 남편과 아들이 주먹다짐을 벌였어도, 딸이 있다면 아내는 그 딸이 학교에서 손가락질 당할까 봐 그 사실을 감추려고 할 것이다. 가족의 이러한 폐쇄성은 사회적으로 가족이라는 공동체가 한몸으로 간주되기 때문에 생겨난다. 가족 구성원들도 가족을 한 덩어리로 여긴다. 그러니까 애정도 분노도 가족 울타리 안쪽으로 향한다.

평소에는 그래도 별 문제가 없지만 코로나19 사태 같은 특수한 상황에서는 가족에 대한 생각을 좀 바꿔야 할 듯하다. 가족은 닫힌 집단이어서 그 안에서 문제가 생길 경우에는 풀기가 어렵다. 가족 말고도 도망칠 곳이 있다면 그나마 다행이지만, 피신처가 없다면 정말 답이 없다.

위기가 닥치자, 슬프게도 가족이란 공동체가 얼마나 취약한지 고스란히 드러나 버렸다. 그래도 가족이 결코 끝장난 것은 아니다. 가족이 연약하다는 것을 알았기 때문에, 위기를 함께 넘기면 유대가 더욱 돈독해질 수도 있다.

독일 관념론을 완성한 근대 철학자 헤겔(1770~1831)은 '가족은 사랑의 공동체'라고 했다. 그는 가족이 부부의 사랑, 자식에 대한 사랑으로 가득한 곳이라고 보았다. 무슨 일이든지 결국 해내도록 만드는 건 사랑의 힘이라고 생각한다. 가족은 성가시면서도 아주 멋진 존재다. 이처럼 서로 반대되는 면을 지녔지만, 그래도 계속 하나의 가족으로 머무를 수 있는 건 사랑의 힘 덕분이 아닐까.

이런 가족, 저런 결혼

헤겔이 가족을 사랑의 공동체라고 한 때로부터 200여 년이 흘러, 가족의 모습도 크게 달라졌다. 헤겔이 생각한 가족은 남녀 부부와 그 자녀로 이루어졌다. 이것이 근대 사람들이 생각하던 가족의 모습이다.

그러나 우리는 현대 사회에서 살고 있다. 21세기도 벌써 5분의 1이 지났다. 시대 변화에 따라 가족 형태도 다양해졌다. '싱글 맘'이나 '싱글 파파'라는 말이 그다지 나쁘지 않은 의미로 사용되고 있고, 동성 부부 사이에서 자라는 아이도 있다.

내가 어렸을 때에는 싱글 맘과 아이가 사는 가정을 '한 부모 가정'이라고 불렀고, 싱글 파파라는 말은 아예 없었다. 동성 연인을 당당하게 드러내는 사람도 거의 없었고, 그런 상대와 부부가 되어 아이를 키운다는 건 상상도 할 수 없는 일이었다. 하지만 이제는 전혀 놀라운 일이 아니다. 여러 나라에서 이런 다양한 가족을 자연스럽게 받아들이고 있고, 보수적 가족관을 지닌 일본에서도 새로운 형태의 가족을 받아들이려는 움직임이 조금씩 일어나고 있다.

가족 제도에서 뚜렷이 나타나듯, 이 세상에 영원히 없어지지 않는 제도는 없다. 유일하게 절대적으로 옳은 제도도 없다. 다른 선택의 여지가 없는 환경에서 태어나고 자라면, 그 밖의 가능성은 생각하지 못하게 된다. 그러므로 무엇이든 반드시 옳은 건 아닐지도 모른다고 생각할 줄 알아야 한다.

그런 생각을 할 수 있게 만드는 것이 철학이다. 20세기 프랑스 철학자 사르트르와 보부아르(1908~1986)는 기존의 결혼 제도를 거부하고 실존주의*를 바탕으로 새로운 제도를 만들

---

* 19세기 합리주의적 관념론이나 실증주의에 반대해, 개인의 주체적 존재성을 강조하는 철학. 19세기 키르케고르와 니체, 20세기 하이데거와 사르트르 등이 대표자이다.

고 실천했다. 그 제도가 바로 '계약 결혼'이다.

계약 결혼은 결혼 당사자들의 뜻에 따라 법률상 결혼을 하지 않아도 되고, 그 규칙도 자기들끼리 정한다. 사르트르와 보부아르는 계약 결혼을 하며 저마다 다른 애인을 만들어도 좋다는 규칙을 세웠다. 이런 결혼이 가능한가 싶을 수도 있지만, 사르트르와 보부아르는 50여 년 넘게 서로 사랑하며 계약 결혼 관계를 지속했다. 이러한 관계가 이상하다는 생각도 고정 관념일 뿐일지도 모른다.

그러니까 기존 관습을 그대로 받아들이지 말고, 철학을 통해 의심함으로써 자기 나름의 생각을 가져 보자. 한 사람 한 사람이 그렇게 생각한다면, 오늘날 다양해진 가족을 품는 제도가 마침내 자리 잡을 것이다. 어쩌면 지금이 그렇게 되어 가는 과도기인지도 모르겠다.

이성 친구의 몸을 만지는 건 나쁜 짓일까?

사랑은 고대 그리스 철학자들이 자주 다뤘던 주제다. 사랑을 다채로운 시각으로 바라본 작품으로 플라톤이 쓴 《향연》이 유명하다. 플라톤은 이 작품에서 고대 그리스 철학자들이 술을 마시며 사랑의 신 에로스를 찬양하고 서로 논쟁하는 모습을 그렸다. 사람들이 술자리에서 사랑에 대해 저마다 의견을 펼치는 장면을 떠올려 보라. 나도 젊었을 때에는 자주 그랬다. 늘 얼큰하게 취한 상태였지만 말이다.

책에서 철학자들은 취하긴 했어도 예의 바르게 차례차례 자기 생각을 펼친다. 예를 들어, 사회 문제를 풍자하는 데 뛰어났던 대표적 희극 작가 아리스토파네스(BC 448~BC 380)는 남녀 생식기를 함께 지닌 안드로기노우스^{androgynous} 신화를 이야기한다. 손발이 각각 네 개이고, 얼굴과 생식기가 두 개인 안드로기노우스는 어느 날 신을 노엽게 해서 반으로 쪼개지게 된다. 그리고 이때부터 남자와 여자가 서로 간절히 원하게 되었다고 한다. 다시 말해, 인간은 부족한 반쪽을 채우려고 하며, 그 욕구가 사랑의 본질이라는 것이다.

그런데 소크라테스는 거기에 이의를 제기한다. 누가 불완전한 것을 원하겠느냐고, 사랑이란 불완전한 것을 좇는 게 아니라 완전한 것을 끊임없이 추구하는 것이라고 말한다. 이것은 플라톤이 소크라테스의 입을 빌려 자기 의견을 말한 것이기에, 플라톤이 가진 사랑에 대한 생각이라고 볼 수 있다. 그래서 이러한 이상주의적이며 관념적인, 순수한 정신적 사랑을 '플라토닉 러브$^{platonic\ love}$'라고 부른다.

사랑은 완전함을 추구하는 것이라는 말은 연애의 본질에 맞닿아 있다. 우리는 누군가를 진심으로 사랑할 때, 머릿속으로 완전함을 꿈꾼다. 그 완전함을 손에 넣으려고 죽을힘을 다해 애쓴다. 그러면 주변이 눈에 들어오지 않게 되고, 심하게 말하면 자기 생각에만 빠지게 된다. 가장 나쁜 예가 스토커다. 누군가를 사랑하는 건 중요한 일이지만, 그 사랑의 본질을 깨닫지 못한 채 자기가 원하는 사랑만 추구하다 보면 상대와 주위 사람에게 해를 끼칠 수 있다.

연애가 다른 종류의 사랑, 곧 가족애나 우정과 다른 점은 자기 중심성이다. 가족애는 자기보다 가족을 더 중요하게 여기는 마음이다. 자식에 대한 부모의 사랑은, 아무런 대가를 바라지 않으면서도 주고 또 주는 무상無償의 사랑이다. 우정은 연애 감정과 가족애의 중간쯤에 있다. 특히 친한 친구는 나보다 소중하지는 않지만, 나만큼 소중하다고 느끼기 때문이다.

하지만 오해하지는 말자. 나는 어떤 사랑이 낫다고 말하는 게 아니다. 우리가 한마디로 '사랑'이라고 말하지만, 그 사랑에 몇 가지 종류가 있음을 알려 주려는 것뿐이다. 그렇다면 여러분은 지금 어떤 사랑을 하고 있는가. 그것이 어떤 사랑이든 사랑의 마음을 잘 가꿔 가기를 바란다.

성에 대해 말하면 안 되는 것일까?

누군가를 좋아하면 그 사람과 함께 있고 싶어진다. 그리고 그 사람을 만지고 싶어진다. 여기서부터 성 이야기에 접어들게 된다.

그런데 성과 관련된 이야기는 하면 안 되는 것처럼 여겨진다. 좋아하면 만지고 싶어지는 건 당연한데도 말이다. '성'이라고 하면 생각이 딱 멈춰지는 것 같다. 우리 스스로가 그렇게 한다기보다는 사회가 성에 대한 자연스런 생각과 표현을 가로막는 듯하다.

일본은 성교육이 다른 나라에 비해 뒤처진 편이다.[*] 이런 사실은 철학이 발전하지 못하는 것과 관계가 있다. 일본인은 거북한 생각을 하지 않으려고 한다. 마음에 안 드는 게 있어도 말로 표현하지 않는다. 그런데 말하지 않는다는 건 생각도 하지 않는다는 것이다. 결국 무언가 마음에 있어도 제대로 밝히지 않고 애매하게 내버려둔다. 생각을 멈추고 마는 것이다.

그래서 일본 사회의 수많은 문제가 해결되지 않은 채 그저 내버려져 있다. 그런 문제 가운데 하나가 성교육이다. 잘 가르쳐 주지 않아도 별 탈 없다면 괜찮겠지만, 현실은 그렇지 않다. 오늘날 청소년의 성 문제는 심각하다. 성을 제대로 다루지 않기 때문이다. 어른들이 성을 있는 그대로 생각하고 여러 의견을 내놓지 않으면, 아이들은 '성은 나쁜 것'이라고 생각하게 된다. 지금 이 책을 읽는 여러분도 성이라고 하면 왠지 떳떳하

---

[*] 한국도 마찬가지다. 2015년 교육부가 성교육 표준안을 내놓았지만, 그 내용이 현실과 동떨어져 비판받았다. 매번 같은 이야기를 지루하게 반복하기보다는 실생활에 바탕을 둔 구체적이며 도움이 되는 성교육이 필요한 상황이다.

지 않은 것으로 느낄 확률이 크다. 그럼에도 불구하고 이성의 몸을 만지고 싶은 건 본능이기 때문에 딜레마에 빠진다. 그 상태에서 일그러진 욕구가 밖으로 나오게 되면, 성범죄로 이어지고 만다.

나는 성에 대해 터놓고 이야기해야 한다고 생각한다. 전 세계에서 큰 인기를 모으고 있는 만화 《귀멸의 칼날》 '환락의 거리' 편에는 유곽에서 주인공이 활약을 펼치는 이야기가 나온다. 이것이 텔레비전 애니메이션으로도 만들어져 방영되면서 논란이 일었다. 10대가 많이 보는 애니메이션의 배경이 성매매 장소인 유곽이기 때문이다. 노골적인 성행위 장면이 나오는 건 아니지만, 유곽이란 곳을 부모가 아이들에게 설명하기에 난처한 것이 문제다. 과거에 분명 있었던 장소인데 왜 설명할 수 없을까? 부모들이 성에 대한 문제를 덮어놓고 생각하려 하지 않기 때문이다.

실제 있었던 것인데 잘못 아는 것이 더 큰 문제다. 다른 나라 사람들은 알고 있다. 문명이 발달한 일본에도 여성의 몸을 돈으로 사고파는 공창 제도가 있었다는 사실을. 그런데 정작 일본인이 마치 그런 일은 없었던 것처럼 어물쩍 넘기려고 하다니, 한심하지 않은가.

이것은 성차별 문제보다 더 근본적인 문제다. 인간이 성을 가진 존재이며, 그에 따라 다른 사람의 몸을 만지고 성관계를 맺고 싶어하는 욕구를 지녔다는 사실을 받아들이느냐 안 받아들이느냐의 문제다. 이 사실을 받아들이고 나서야 성 관련 제도의 옳고 그름과 성차별 문제를 논의할 수 있다. 우리는 아직 그 출발선에도 서지 못했다. 이제 성에 대해 입 다물지 말고 활발하게 이야기해 보자. 진짜 부끄러운 건 성이 아니라, 성에 대한 얘기를 꺼내지 못하는 것이다.

스마트폰을 안 보면
왜 불안할까?

여러 기관의 조사에 따르면, 이제 스마트폰이 없는 중고등학생은 드문 것 같다. 심지어 초등학생 사이에서도 드문드문 스마트폰 이용하는 아이들을 볼 수 있다. 스마트폰을 사용하는 것 자체는 괜찮다. 오늘날 디지털 사회에서 살아가기 위해서는 되도록 일찍 이런 기술을 접해 보는 것이 좋다.

문제가 되는 것은 사용 방법이다. 여러분은 스마트폰을 어떻게 사용하고 있는가. 부모와 연락해야 할 때 쓰는가. 바로 이런 목적으로 부모는 아이에게 스마트폰을 쥐어 준다. 하지만 실제로 아이는 스마트폰을 부모와 연락할 때뿐만 아니라 친구와의 소통, 정보 검색, 동영상 시청, 게임 등 다양한 활동의 수단으로 사용한다.

이처럼 다양한 활용을 할 수 있다는 점이 스마트폰의 장점이자 단점이다. 소통도, 공부도, 놀이도 전부 스마트폰으로 할 수 있다. 할 수 없는 건 휴식 정도일까. 그러다 보니 깨어 있는 동안 스마트폰만 보는 스마트폰 중독이 큰 문제가 되고 있다.

스마트폰 중독은 정확히 말하면 '스마트폰 의존증'이다. 스마트폰을 오랫동안 사용할 뿐 아니라, 스마트폰을 들여다보지 않으면 마음이 불안한 정도일 때를 말한다. 이런 상태가 계속되면 몸과 마음에 문제가 생긴다.

여러분은 어떤가? '나는 스마트폰 중독이 아니야' 하고 자신 있게 말할 수 있는가. 스마트폰은 너무 편리한 까닭에 일상 곳곳에 깊숙이 스며들어 있다. 마치 공기와도 같아서, 늘 사용하지만 그 사실을 알아차리지 못한다. 그래서 스마트폰에 의존하고 있다는 사실마저 깨닫지 못한다. 스마트폰 때문에 몸과 마음이 망가져도, 그걸 스마트폰 탓으로 돌리려 하지 않는다. 왜 그럴까? 스마트폰을 뺏길까 봐 두렵기 때문이다.

스마트폰 중독은 단지 시간을 헛되게 흘려보내거나 몸과 마음에 나쁜 영향을 주는 데 그치지 않는다. 스마트폰 중독이 일으키는 가장 큰 문제는 스마트폰에 생각까지 맡겨 버리는 것이다. 이 문제는 스마트폰 사용 시간 같은 양적인 문제가 아니라 질적인 문제다. 그래서 더 심각하다.

스마트폰이든, 태블릿 PC든, 노트북 컴퓨터든, 어떤 도구로 인터넷에 접속해 찾은 답은 정답이 아니다. 그저 하나의 의견일 뿐이다. 그런데도 자꾸만 인터넷에서 답을 찾으려고 한다. 물론 인터넷에는 그 어떤 질문에 대한 답도 나와 있다.

하지만 그 답은 누군가가 찾아낸 답이지 여러분이 스스로 생각해서 찾은 답이 아니다. 정답은 스스로 생각해서 찾아야 한다. 그 밖의 답은 남의 의견일 뿐이다. '저 사람은 저렇게 생각하는구나. 그렇다면 나는 어떨까?' 하고 생각하는 것이 바로 답을 찾는 작업이다.

그 작업을 그만두면 인간은 생각하지 않게 된다. 그러면 사고력이 멈추고 뒷걸음질하게 된다. 이게 가장 무서운 스마트폰 중독 증상이다. 17세기 프랑스의 수학자이자 사상가였던 파스칼(1623~1662)은 인간을 가리켜 '생각하는 갈대'라고 했다. 그런데 만약 인간에게 생각이 없어지면 어떻게 될까? 세상에 흔해 빠진 도구와 마찬가지로 누군가에게, 아니 어쩌면 인공 지능에게 이용당하는 존재가 되고 마는 것 아닐까.

꼭 기억하자. 스마트폰은 인간의 도구일 뿐, 인간이 스마트폰의 도구가 되어서는 안 된다는 사실을.

요즘에는 스마트폰뿐만 아니라 SNS나 게임을 하며 시간을 보내는 사람이 많다. 먼저 SNS에 대해 생각해 보자. 나도 트위터와 페이스북 같은 SNS를 이용한다. 정보 공유나 연락 수단으로 쓰기에 편리하기 때문이다.

하지만 솔직히 귀찮을 때도 있다. SNS를 너무 오랫동안 많이 들여다봐서 생기는 피로감을 'SNS 피로 증후군'이라고 부른다. 옛날에는 SNS 같은 것이 없었다. 사람들과 연락하려면 편지를 보내거나 전화를 했다. 그런데 SNS가 생겨나면서 언제 어디서나 연락할 수 있게 됐다. 그러다 보니 사람들의 연락이나 글에 바로바로 반응할 수 있게 되었고, 그런 상태로 24시간 동안 있다 보니 쉬 지치게 되었다.

우리는 SNS로 자신과 연결된 누군가가 꾸준히 근황과 글을 올리지 않으면 무슨 일이 있나 의심하고 마음대로 넘겨짚는다. 또한 다른 사람이 올린 글에 반응해 주지 않으면 자신이 그에게 화가 났거나 무시한다고 여길까 봐 의무감으로 '좋아요'를 누르기도 한다.

여러분도 SNS 피로 증후군을 경험한 적이 있을 것이다. 만약 피로를 느낀 적 있다면, SNS와 살짝 거리를 두는 것이 좋다. 인간은 분명 다른 사람과 소통하는 존재다. 하지만 한 사람의 개인이기도 하다. 그래서 혼자 있고 싶을 때가 있다. 아니, 반드시 혼자여야 하는 때가 있다. 그날 있었던 일을 곰곰이 생각해 보거나 자기 자신과 마주하려면 혼자 있어야 한다. 그런데 아침에 눈을 뜨고 나서부터 밤에 잠들기 전까지 내내 SNS로 다른 사람들과 연결되어 있으면 혼자만의 시간을 가질 수 없다.

하루 종일 SNS를 들여다본다면, 혼자와 함께 사이의 균형이 깨져 버린 것이다. 뇌를 다른 사람들에게 빼앗긴 상태라고 보아도 된다. 자신의 뇌를 자기가 오롯이 사용하지 못하기 때문이다. 늘 다른 사람과 연결되어, 그 반응에 마음 쓰고 있으니 말이다.

게임도 SNS와 비슷하다. 요즘에는 실제로 한 번도 만난 적 없는 '게임 친구' 여럿이 온라인에서 만나 게임을 즐기는 것이 유행이다. 여러분 가운데에도 온라인 게임에 많은 시간을 쓰는 사람이 있을 것이다.

이런 게임은 중독성이 강하다. 며칠이고 온종일 게임만 하다가 몸과 마음이 망가진 사람을 가리키는 '게임 폐인'이라는 말이 생겨날 정도다. 게임에 중독되어 병원을 찾는 사람도 늘었다. 게임을 지나치게 많이 하면 스스로 생각하는 능력이 떨어진다. 게임이 뇌를 독차지해 버린다. 물론 게임도 머리를 써야만 할 수 있다. 그런데 뇌를 게임하는 데만 쓰면, 뇌를 쓰는 부분이 너무 한쪽으로 치우친다는 게 문제다.

자신이 게임에 지나치게 의존하고 있다는 생각이 든다면, 곧장 다른 사람이나 전문기관의 도움을 받아야 한다. 혼자 힘으로 유혹을 끊기란 쉽지 않기 때문이다. 인간은 본디 연약하기에 무언가에 의존하는 건 결코 이상한 일이 아니다. 중요한 건 의존을 끊고 달라지려고 하는 의지다. 그러니 치료와 도움을 받는 일을 주저하지 말자.

앞으로 무슨 일을 해야 할까?

진로란 무엇일까?

중학교에 들어가면 일찌감치 진로라는 벽에 부딪힌다. 한 자어 진로^{進路}는 '앞으로 나아갈 길'이라는 뜻이다. 중학교를 졸업하면 일반 고등학교에 진학할지, 특수 목적 고등학교에 갈지, 아니면 일찌감치 산업 기술을 익힐 수 있는 특성화 고등 학교에 갈지 결정해야 한다. 이 책을 읽는 여러분 가운데에도 어디로 진학할지 고민하는 사람이 있을 것이다.

하지만 고작 중학생밖에 안 되었는데 진로를 정하기란 그 리 쉬운 일이 아니다. 사회가 어떤 곳인지 감도 오지 않을 텐 데 말이다. 앞으로 나아갈 길은 '미지^{未知}', 곧 알 수 없는 상태다. 하지만 그냥 모르겠다고 할 수는 없는 노릇이니, 대부분 부모나 교사가 권하는 길을 따른다. 당연히 부모나 교사는 고등학교에 가라고 말한다. 그것도 자기들이 좋다고 여기는 아주 수준 높은 곳에 가라고 한다.

예전에 고센高專, 다시 말해 공업 고등 전문학교*에서 일할 때, 입학 면접관으로 참여한 적이 있다. 이 학교는 이과를 지망하는 매우 뛰어난 학생들이 모이는 곳이다. 면접 자리에 선 학생들을 보면서 고작 15세에 기술자의 길을 걷기로 작정했구나 하고 감탄했다. 개중에는 부모가 권해서 지망했다고 솔직하게 터놓는 아이도 있었다. 그야 그렇겠지 하면서 고개를 끄덕였던 기억이 난다. 나도 30세가 지나서야 겨우 진로를 찾았으니 말이다. 그 전까지는 어디로 나아가야 할지 찾기만 하는 세월을 보냈다. 하지만 나중에 돌아보니, 더듬거리며 나아갈 길을 찾는 동안 겪었던 갖가지 경험이 하나로 이어져 지금의 내가 되었다. 이 점을 생각하면, 진로는 사실 나중에 정해야 하는 건지도 모르겠다.

우리는 무심결에 진로는 하나로 정해져 있고, 그것을 찾아

* 일본에서 중학교를 졸업하고 나서 입학할 수 있는 5년제 학교. 전국에 50개 이상 있는데 대부분이 기술자 교육을 위한 학교이다. 과거에는 한국에도 이러한 5년제 학교가 있었으나, 고등학교 졸업 학력을 요구하는 2년제 전문학교로 바뀌었다.

야만 참다운 인생을 살 수 있다고 생각한다. 하지만 진로는 지그재그로 된, 중간중간 툭툭 끊어지기도 하는 길이다. 그런 길을 걸어오다 문득 돌아보았을 때 모든 여정이 진로로 향하는 길이었음을 깨닫게 된다.

중국 전국 시대의 사상가 장자(BC 365~BC 270)는 인간에게 선택할 수 있는 길이 여럿 있는 것처럼 보이지만, 실은 선택한 길 말고 다른 길은 없다고 말한다. 분명히 인생은 한 번뿐이고 과거로 돌아갈 수 없으니 장자의 말이 맞는지도 모른다. 이런 관점에서 보면 어떤 길을 골라도 결국 그 길뿐이니까, 가벼운 마음으로 선택할 수 있어서 좋다.

인간은 지금 가고 있는 길을 가도록 미리 운명 지어져 있는지도 모른다. 그래도 되도록이면 처음부터 자신에게 잘 맞는 길을 선택하는 게 좋다. 그러기 위해서는 어떤 진로가 있는지 알아보기보다 자기 자신을 잘 아는 것이 먼저다.

진로에 대해서는 쉽게 알아볼 수 있다. 책이나 문서로 된 자료도 있고, 부모나 교사에게 물어보아도 된다. 그러나 자기가 그 진로에 맞는지는 아무도 모른다. 부모와 교사가 여러분을 열심히 지켜본다고 해도, 본인이 아니기 때문에 모르는 부분이 많다. 자기 자신은 어떨까? 안타깝게도 자기도 자기를 잘 모른다. 그러니 먼저 자신을 제대로 알아야 한다. 자신이란 대체 무엇일까? 자신을 알아보기 전에 우리는 '자신'의 정확한 뜻조차 모르고 있다는 사실을 깨닫게 된다.

'자신'이 무슨 뜻인지 한번 설명해 보라. 여러분 자신에 대해 묻는 게 아니다. '자신'이란 말이 무슨 뜻인지 정의 내려 보자. '자신은 당연히 나, 그 사람이 아닌 나'라고 대답하는 사람이 있을지도 모르겠다. 이 대답은 제대로 된 설명이 아니다. 조금 깊이 생각하는 사람이라면 '자신은 의식이 있는 존재'라고 말할지도 모른다. 그러면 의식이란 무엇인가? 이쯤 되면 이제 설명할 길이 없다. 왜냐하면 자신의 의식을 다른 사람이 알 길이 없으니 말이다.

그래도 끈질기게 물고 늘어지는 사람, 아니 철학을 할 줄 아는 사람은 이렇게 말할지도 모른다. 누구보다도 확실한 존재라고. 뭐, 남보다는 확실히 알 수 있는 존재겠지만, 정말 자신은 확실한 존재일까? 나는 술을 너무 많이 마신 다음 날에는 전날에 있었던 일을 기억하지 못하는 때가 자주 있다. 여러분도 잠자는 동안에는 무의식 상태가 되지 않나. 그런데도 확실하다고 말할 수 있을까?

이처럼 자신이란 실은 잘 모르는 존재이다. 철학계에서는 프랑스의 근대 철학자 데카르트(1596~1650)가 '나는 생각한다, 고로 존재한다' 하고 말한 뒤로, 나 자신이란 이 세상에 유일하고 확실한 존재로 여겨 왔다.

하지만 역시 프랑스의 현대 철학자 미셸 세르(1930~2019)에 따르면 자기 자신만큼 불확실한 존재도 없다. 왜냐하면 우리는 무언가에 대해 생각하는 것밖에 하지 못하므로, 그 무언가가 없으면 나 자신은 존재하지 않게 되기 때문이다. 미셸 세르는 그런 자신의 존재를 프랑스어 동사 'être'에 비유했다. 이 말은 영어의 be 동사와 같다. 다시 말해, 주어와 목적어에 따라 모양을 바꾸는 동사라는 뜻이다. 나 자신은 이 동사처럼 상황에 따라 모양을 바꾸는 존재인지도 모른다. 그래서 진로를 생각할 때는 그 동사 앞뒤에 있는 것을 잘 살펴야 한다.

나는 대체 무엇을 하고 싶은 걸까?

앞서 자신이란 모양을 바꾸는 존재이며, 그 모양은 주어와 목적어에 따라 달라진다고 말했다. 바꾸어 말하면, 지금 자신의 전후를 살펴보면 비로소 자신을 알게 된다는 뜻이다.

자신을 알면 자신이 해야 할 일도 보인다. 하지만 사람은 지나온 길은 알 수 있어도, 앞으로 나아갈 길은 모른다. 그게 바로 진로이기 때문이다. 따라서 우리가 할 수 있는 건 지금까지의 자기 자신을 올바르게 파악하는 것뿐이다.

나는 '내가 모르는 나'를 알기 위해, 한 방법을 생각해 냈다. 지금까지 살아온 인생을 적어 보는 것이다. 나는 어떻게 살아 왔는가, 무엇을 위해 노력하고 무엇을 중요하게 생각했는가? 나는 자신에 대한 이야기를 쓰면 자신이 좋아하는 것이 보일 거라고 생각했다. 또 앞으로 하고 싶은 일은 그 이야기의 끝에 이어지게 될 거라고 생각했다. 이 진로 탐색 방법에 '답은 에 필로그에'라는 이름을 붙였다. 지금까지 살아온 이야기를 쓰다 보면 무엇을 하고 싶은지, 그 답이 마지막 에필로그에 자연스레 드러날 거라는 뜻이다.

실제로 나는 한 고등학교에서 이 글쓰기를 과제로 내준 적이 있다. 학생들은 자기에 대한 글을 쓰며 다음에 하고 싶은 일을 찾았다. 예를 들어, 동아리 활동을 열심히 했던 학생은 그 활동이 아주 즐거웠다는 사실을 깨닫고, 앞으로 그와 관련된 일을 하고 싶다는 생각을 하게 되었다.

자기가 좋아하는 일과 잘하는 일을 직업으로 삼으면 이보다 좋은 일도 없다. 그러나 자기가 좋아하는 일은 비교적 찾기 쉬워도 잘하는 일은 알기 어렵다. 왜냐하면 여러분 나이에는 모두 같은 것을 하기 때문이다. 대표적인 예가 공부다. 특히 암기와 문제 해결 능력에만 초점을 맞춘 공부다.

사실 더 특별한 재능이 있어도 그걸 찾을 기회가 없는 것이 현실이다. 국어와 수학은 별로지만 그림을 잘 그린다는 사실을 알게 된 사람은 그나마 행복하다. 운동에 재능이 있다는 걸 알게 된 사람도 운이 좋은 편이다. 이런 사람들은 다행히도 학교에 미술과 체육 수업이 있어서 자신의 재능을 발견할 기회가 있으니까 말이다.

학교에서 배우지 않는 분야에 재능을 가진 사람은 어떻게 그것을 찾을 수 있을까? 내 경우가 바로 여기에 속한다. 철학은 학교에서 제대로 배울 기회가 없는 학문이기 때문에, 나는 내가 철학에 재능이 있고 철학을 직업으로 삼아 먹고살 수 있으리라고는 상상도 하지 못했다.

만약 내가 타고난 성격을 긍정적으로 받아들이고 일과 관련 지어 생각했다면 이야기가 달라졌을지도 모른다. 나는 산만하고, 이치에 맞지 않는 생각을 하는 버릇이 있으며, 예민한 구석도 있다. 그래서 어릴 적부터 주의를 자주 받았다. 집중해라, 일일이 마음에 담아 두지 마라는 식의 말을 들었는데, 그때마다 지적당하는 부분을 단점으로 여겨 왔다. 그러다 30세 이후에야 성격을 있는 그대로 받아들이게 되었다. 집에 틀어박혀서 처절한 시간을 보낸 뒤였지만.

내 성격을 긍정적으로 받아들인 뒤에 철학을 만났다. 철학을 하면서 단점이라고 여겼던 부분들이 아주 알맞게 사용되기 시작했다. 그때부터 내 삶은 크게 달라졌다. 단점이라고 여긴 나의 성격이 오히려 점점 좋은 결과를 만들어냈다.

철학자는 머리가 어지러울 정도로 여러 가지 일을 상상하고, 망상하고, 세상과 자신의 마음에 예민하게 귀를 기울여야 한다. 그리고 그렇게 해서 깨달은 것을 말로 표현해 낸다. 나는 거의 매일 트위터로 '오늘의 철학'이란 트윗을 올리고 있는데, 어느 날 이런 글을 올렸다.

[오늘의 철학]

자신의 본질을 알고, 받아들이고, 잘 살리면 반드시 성공한다. 지금 어느 단계에 있는지 생각해 보자. 단점이나 약점도 본질이다. 내 본질은 산만하고 망상에 빠지는 습관이 있으며 예민하다는 것이다. 그래서 공무원은 되지 못했지만 철학자가 될 수 있었다.

여러분도 자신이 좋아하는 일이 무엇인지 찾지 못했다면, 약점과 결점을 찾아보길 바란다. 거기에 힌트가 있을지도 모른다. 진로는 여러분이 지금 서 있는 곳의 연장선에 있다.

3장

어른이 된다는 것

굳이 어른 될 준비를
해야 할까?

오늘부터 어른?

앞서 '들어가는 말'에서 썼듯이, 일본에서는 2022년 4월부터 법률상 성인 나이가 만 20세에서 18세로 낮아졌다. 그래서 나는 만 18세가 믿음직한 어른이 되는 방법을 소개하려고 이 책을 썼다.

일본의 성인 나이는 왜 바뀌었을까? 세계 표준에 맞추기 위해서다. 대부분의 나라가 이미 만 18세를 성인이 되는 나이로 정했다. 특히 국제 경제 협력 기구OECD에 가입된 나라들을 기준으로 하면 대부분 만 18세나 19세를 성년으로 본다. 일본은 2022년에야 성년을 만 20세에서 18세로 낮추었으니, 좀 뒤처진 편이다.

왜 뒤처진다고 표현하느냐고? 선진국이란 말 그대로 앞서 가는 나라인데, 그 흐름에 맞추지 못하면 뒤처진 것이 되기 때문이다. 실제로 젊은이에게 책임을 지우지 않는 사회는 발전 속도가 떨어진다. 이렇게 말하면 꼭 경제를 위해 성인 연령을 낮춘 것처럼 들리겠지만, 그렇지 않다. 오히려 정치를 위해서다. 일본은 2016년에 이미 만 18세부터 선거에 참여할 수 있게 했다. 성년은 여기에 맞춰 바뀌었다.

이제 만 18세가 되면 어른으로서 사회 문제에 참여해야 한다. 나는 이 글에서 '성인', '성년', '어른'이라는 말을 쓰고 있다. 세 낱말 모두 엇비슷한 의미를 지닌다. 일상에서도 크게 구분하지 않고 함께 사용하지만, 굳이 뜻을 구분하자면 다음과 같다.

'성년'은 민법에서 법정 대리인의 동의 없이 법률 행위를 할 수 있는 나이를 뜻한다. 성년에 이른 사람을 '성인'이라고 부른다. 그리고 '어른'은 성년과 성인의 의미를 아우르는 넓은 개념으로 사용한다. 어른이라고 하면 나이와 몸뿐 아니라 정신도 성숙한 인간을 가리킨다. 이 책에서는 이 세 낱말을 미묘한 뜻의 차이에 따라 구분해 사용하려고 한다.

아무튼 일본에서 어른 대접을 받는 나이가 만 18세로 낮아진 것은 지금까지 지속되어 온 사회 구조가 바뀌는 일이다. 성년이 고작 2년 앞당겨진 것이지만 갖가지 혼란을 일으킬 수 있다.

실제로 성년을 바꾸기로 결정하는 자리에서 이러한 혼란을 미리 막기 위한 온갖 아이디어와 예외 조항이 논의되었다. 그에 따라 음주, 흡연, 도박은 여전히 만 20세가 되고 나서 할 수 있다. 10대 청소년을 보호하기 위한 조치이지만, 한편으로는 만 20세가 되고 나서는 정말 스스로를 책임져야 한다는 뜻이기도 하다.

성년이 앞당겨지면서 가장 크게 문제가 되는 것은 교육이다. 만 18세에 어른이 되려면 고등학교를 졸업할 때까지 다양한 과목을 배워야 한다. 그런데 오늘날 초중고 교육은 지식을 마구 욱여넣는 주입식이다. 시간표가 이미 꽉 차 있는데, 여기에 어른이 되기 위한 교육까지 끼워 넣으면 학생들이 다 받아들이지 못해 그만 펑 터져 버릴 것이다. 앞서 일본 선거권 연령이 만 18세로 낮아졌을 때, 학교에서 정치 교육을 더 하게 되면서 이미 혼란을 겪은 적이 있다.

하지만 잘 생각해 보자. 과거 성인 나이가 만 20세일 때에도 18세에 사회로 나가는 사람들이 있었다. 본디 일본에서 의무 교육은 중학교까지이므로, 그때까지 어른이 되기 위한 교육을 좀 더 했어야 했다.* 하지만 이런 교육이 이루어지지 못한 게 사실이다.

아마 지금의 학교 교육이 지식 주입식이 된 까닭은 목적을 입시에만 두었기 때문이다. 지금부터라도 입시 교육은 조금 줄이고, 어른이 되기 위해 배워야 하는 다양한 과목을 늘려야 한다. 물론 교육 제도의 개혁은 쉽지 않다. 하지만 우선 10대인 여러분이 이런 큰 변화의 시기에 살고 있음을 깨달아야 한다. 그리고 변화의 파도에 휩쓸리지 않도록, 제대로 배우고 어른으로 자라야 한다.

이왕이면 제대로 준비하자

이렇게 얘기하면 학교가 입시 위주이고 나라가 제도를 바꿔서 벌어지는 일인데 나더러 뭘 어쩌라는 거냐고 되물을 수도 있다. 맞는 말이다. 내가 10대여도 똑같이 생각했을 것이다.

하지만 학교 교육이 어떻든 간에 결국 자기 자신을 지킬 수 있는 건 자신뿐이다. 이 사실을 깨닫는 것 또한 어른이 되는

---

* 한국에서도 6년의 초등 교육과 3년의 중등 교육이 의무 교육으로 정해져 있다. 모든 국민이 받아야 하는 교육이지만, 실생활에 별로 도움 되지 않는 그저 대학 입시만을 위한 것이라는 비판을 받고 있다.

과정이다. 국가와 학교, 부모는 여러분에게 좋은 것을 주려고 고민하며 여러 제도를 만들고 새롭게 고친다. 그에 따라 법을 바꾸기도 한다. 아이들 눈에는 어른들 마음대로 하는 것처럼 보일지 모른다. 그런데 이런 일은 사회에서 더 자주 벌어진다. 그때마다 불만을 터뜨려 봤자 소용없다. 그저 되도록 손해 보지 않게 스스로 대책을 마련하는 수밖에 없다.

만 18세가 되어 느닷없이 어른이 된 여러분은 충분한 준비를 갖추지 못했을 것이다. 하지만 스스로 할 수 있는 것을 해 두지 않으면, 사회에서 사기를 당하거나 손해를 입을 수 있다. 그러므로 학교에서 가르쳐 주지 않더라도 직접 사회 구조를 공부해서, 계약이나 다른 거래를 할 때 불이익을 당하지 않도록 해야 한다. 냉정하게 말하자면, 제도가 바뀌어도 그 내용을 모르거나, 알아도 변화에 따라 어떻게 해야 하는지 누군가 가르쳐 주기만을 마냥 기다리는 사람은 아직 어른 될 준비가 안 된 것이다.

전쟁으로 부모를 잃은 아이들이 씩씩하게 살아가는 모습을 그린 소설과 만화가 있다. 나는 이런 책을 읽을 때마다 이 아이들이 씩씩해질 수밖에 없다고 생각한다. 부모와 함께 살 때에는 아무 일도 하지 않던 아이들도 전쟁 때문에 모든 걸 잃으면, 더 어린 동생들을 돌보고 살아남기 위해 갑자기 철이 들 수밖에 없다.

전쟁이 아니어도 이런 일은 누구에게나 일어날 수 있다. 지진으로 큰 피해를 입을 수도 있고, 코로나19 사태처럼 바이러스가 전 세계에 퍼져 어려운 상황에 놓일 수도 있다. 또는 개인적으로 큰 병에 걸리거나 갑작스런 사고를 당할 수도 있다.

이처럼 뜻밖의 운명에 휘말려 갑자기 어른이 된 인물로 미국의 사회 철학자 에릭 호퍼를 들 수 있다. 호퍼는 7세에 시력도 잃고 어머니도 잃는다. 15세까지 학교에 가지 못한 채로 지내다가 기적처럼 다시 앞을 볼 수 있게 된다. 하지만 몇 년 뒤 아버지까지 세상을 떠나면서 고아가 된다. 호퍼는 일용직 노동자로 일할 수밖에 없었다. 호퍼의 표현을 빌리자면, '하룻밤 사이에 아이 방에서 빈민가로 굴러 떨어진' 것이다.

그 뒤로 호퍼는 어떻게 살았을까? 책을 읽었다. 어릴 적 시력을 잃기 전에 이미 책을 읽었던 호퍼는 앞을 볼 수 있게 되자 또다시 책을 읽기 시작했다. 재차 눈이 멀지도 모른다는 불안감에 닥치는 대로 책을 읽었다. 물론 날마다 육체노동을 한 뒤에 말이다. 이처럼 호퍼는 많은 것을 자기 힘으로 배우고 어른으로 자라났다. 그리고 문득 정신을 차려 보니 많은 사람이 인정하는 위대한 철학자가 되어 있었다. 이것이 독학 철학자 호퍼의 삶이다.

호퍼의 예는 조금 극단적이다. 하지만 학교와 교육에 불만을 품고 공부는 안 하면서 변명거리만 찾는 사람들에게 나는 늘 호퍼를 소개한다. 인간은 누구나 어른이 될 수밖에 없다. 어른 될 준비를 제대로 하지 못했더라도. 그러니 스스로 준비해야 한다. 안 그러면 힘든 건 나 자신이니까.

어른이 된다는 건 무엇일까?

어른이라고 늘 어른스럽진 않다

어른이 된다는 건 무엇일까? 이런저런 얘기를 많이 했지만, 다시 어른이 된다는 것의 본질을 짚어 보기로 하자. 어른이 된다는 건 나이가 들고 몸이 자랄 뿐 아니라 정신도 성숙하는 것이다.

정신으로 말하자면, 18세에도 어른답게 성숙할 수 있다. 사람들이 어른에게 요구하는 정신적 성숙은, 태어나서 18년쯤 살면 이룰 수 있다는 말이다. 아니, 그 정도 성숙이면 충분하다고 해야 정확한 표현일 것이다. 하지만 많은 사람이 18세에 정신적으로 성숙해지는 건 말도 안 되는 일이라고 여긴다.

만약 여러분이 18세보다 어리다면 정신적으로 어른처럼 성숙하는 일은 상상하기 힘들 것이다. 사실 18세가 넘은 사람도 그럴 것이다. 나는 지금 50세가 넘었지만 여전히 정신적으로 성숙한 것 같지 않다. 내가 겸손해서 이런 얘기를 하는 게 아니다. 주위에 있는 18세 이상의 사람들에게 물어보라. 당신은 정신적으로 어른스럽게 성숙했느냐고. 그러면 놀랍게도 그 사람이 70세이든 90세이든 나와 똑같은 대답을 할 것이다.

전에는 나도 인생에서 중요한 시기를 지날 때마다 아직 정신적으로 성숙하지 않다고, 어서 성숙해져야 한다고 느꼈다. 성년이 됐을 때, 사회에 나와 일을 시작했을 때, 결혼을 앞두었을 때, 교사가 됐을 때, 지위가 높아질 때……. 하지만 그때마다 여전히 나는 아직 멀었다고 느꼈다.

그러면 아무도 죽을 때까지 정신적 성숙을 이루지 못하는 걸까? 그렇지는 않다. 누구나 어느 시점부터 성숙하기 시작하는데, 이것을 스스로 못 느낄 뿐이다. 다른 사람들이 말해 줘도 사실로 받아들이기 힘들다. 이처럼 정신적 성숙은 스스로 알아차리기가 어렵다. 정신적 성숙이 무엇인지 몰라서라기보다는 그 상태가 한결같이 지속되지 않기 때문이다.

사람들은 정신적 성숙이 무엇인지는 알고 있다. 어떤 사람을 보고 '이 사람은 정신적으로 성숙하구나' 하고 생각하는 일이 더러 있으니 말이다. "저 사람, 어른이네" 하는 말은 어떤 사람을 가리켜 하는 말일까? 남을 잘 배려하는 사람, 화를 억누를 수 있는 사람, 다양한 시각으로 세상을 바라보는 사람일 것이다. 이런 사람이 정신적으로 성숙하다는 말을 듣는다. 아이들은 제멋대로이고, 세상일 따위 생각하지 않으며, 제 감정에 따라 화내고 울고 웃는다. 그래도 18세쯤에는 어린아이 수준에서 좀 더 나아져 있을 것 같고, 50세가 지나면 확실히 성숙해져 있을 것 같다.

그런데 정말 그럴까? 주위를 한번 둘러보자. 나이가 몇 살이 되어도 그저 어린아이 수준에 머물러 있는 사람도 있다. 나도 종종 제멋대로 굴거나 세상이야 어떻게 되든 나만 좋으면 상관없다고 생각할 때가 있다. 내 감정에 휩쓸리는 일은 하루에도 수십 번이다. 이제 슬슬 이해되는가? 진정한 어른이라고 불리는 사람도 때로는 어린아이처럼 행동하거나 생각할 때가 있다. 정신적 성숙은 늘 한결같이 이어지지 않는다. 인간이란 정신적으로 성숙해도, 가끔 미성숙하게 행동할 수 있는 존재다. 이런 점 때문에 우리는 항상 스스로를 미성숙하다고 여기게 된다.

18세에도 어른답게 성숙할 수 있지만, 늘 그런 상태로 있는 건 아니다. 그래서 우리는 늘 의식해야 한다. 어른이 되는 것,

그리고 어른답게 행동하는 것을.

따로 또 같이

도대체 무엇 때문에 사람은 오락가락할까? 가장 먼저 떠오르는 건 감정이다. 사람은 다채로운 감정을 지니고 있다. 때로는 화가 나기도 하고 우울해지기도 한다. 이건 자연스러운 현상이다. 어느 정도의 감정 변화는 살아가는 데 문제없다. 하지만 어른이 되어서도 감정 변화가 지나치면 더 이상 어른처럼 보이지 않는다.

그러면 어떻게 감정을 조절할까? 사회와 적당한 거리를 두면 된다. 나의 감정을 자극하는 것은 내 바깥에 있다. 여러분은 어떨 때 화가 나는가. 남에게 무시당했을 때? 학교가 이상한 교칙을 강요할 때? 이런 상황은 모두 사회에서 비롯된다. 우리는 늘 남과 함께 살면서 관계를 맺고 수많은 일을 한다. 이처럼 여럿이 더불어 살아가는 곳을 '사회'라고 부른다.

사람은 사회 속에서 사는 사회적 동물이다. 이 말은 일찍이 고대 그리스 철학자 아리스토텔레스가 했다. 아리스토텔레스는 본디 사람은 폴리스, 즉 사회 공동체에서 살아가는 동물이라고 말했다. 사회 속에서 서로 도움을 주고받으며 살아갈 수밖에 없는 존재라는 말이다. 이것이 다른 동물과 구별되는 점이다. 동물은 무리 지어 살기도 하고, 혼자 살기도 한다. 무리를 지어 살아도 사람처럼 복잡한 관계를 맺으며 살아가는 건아니다.

사람들은 서로 끈끈하게 연결되어 도움을 주고받는다. 그 덕분에 혼자서는 결코 해낼 수 없는 일을 하고, 무척 발달된 문명사회를 이루어 냈다. 하지만 인간관계가 지나치게 복잡해져서 생겨난 단점도 있다. 인간관계가 얽히고설키면 내 맘대로 할 수 없는 일이 늘어난다. 내 뜻과 상관없이 남의 뜻에 따라야 하는 일들이 생기고, 그런 일들을 하다 보면 화가 치밀고 풀이 죽는다. 이런 감정 때문에 정신이 불안정해진다.

그러므로 감정을 조절하고 되도록 안정된 상태로 지내려면 다른 사람과 거리를 잘 유지해야 한다. 사회와 적당한 거리를 두어야 한다는 뜻이다. 어떤 사람 또는 어떤 무리와 관계가 불편하다면 조금 거리를 두고 냉정해져야 한다. 이런 일을 잘하는 사람이 어른이다.

사람은 원래 혼자다. 하지만 한 명 한 명은 약하기 때문에 남과 힘을 합쳐 더 잘 살아가려고 한다. 혼자인 채로 남과 더불어 잘 살아가는 건 아주 어렵다. 늘 함께 있는 게 좋은 것도 아니다. 그러니까 때로는 혼자, 때로는 같이 있으면서 균형을 잘 잡으며 살아야 한다. 많은 사람이 어린 시절에는 다른 사람과 항상 같이 있고 싶어 하지만, 점점 나이를 먹으면서 홀로 독립하게 된다. 그러면서도 필요할 때에는 다른 사람과 관계를 맺으며 도움을 주고받는다. 이것이 어른이 살아가는 방법이다.

혼자 잘 사는 건
불가능할까?

자기만 생각하면 문제가 생긴다

사회와 적당한 거리를 두고 잘 살아가려면 공공철학公共哲學*

을 해야 한다. 공공철학은 한마디로 '나와 사회를 어떻게 연결

할지 생각하는 학문'이다.

우리는 보통 자기에 대해서만 생각한다. 특히 젊은 시절에

더 그렇다. 그러니까 사회에 대해 생각한다는 것은 특별한 노

력을 기울이지 않으면 웬만해서는 어렵다. 사회에 대해 생각

---

* 시민들이 스스로 사회 공공의 가치를 만들어 가는 철학. 한국에서는 조금 생소하지만, 일
본에서는 2000년대 초반부터 대학에 공공철학 강좌가 생기고 인터넷에 공공철학 네트워
크까지 나타나며 지금까지 큰 주목을 받고 있다.

한다는 건 내가 몸담은 사회에서 무엇을 할 수 있는지, 사회에서 벌어지는 일에 어떻게 참여할 수 있는지 생각하는 것이다.

이처럼 사회 속 개인의 역할에 대해 생각하는 공공철학을 맨 처음 활발하게 다룬 사람으로 독일 태생의 미국 정치 철학자 한나 아렌트(1906~1975)를 꼽을 수 있다. 아렌트는 인간은 기본적으로 노동이나 일 말고도 '활동'이라는 걸 한다고 보았다. 활동은 사회 참여 활동을 뜻한다. 일도 사회 참여 활동이라고 생각할지 모르지만, 일은 돈을 벌어서 먹고살기 위해 꼭 해야 하는 것이다.

그에 반해 아렌트가 말하는 활동은 꼭 하지 않아도 살 수는 있지만, 인간이라면 마땅히 해야 하는 것이다. 예를 들어, 지역 자치회 활동이라든지 봉사 활동, 정치 참여가 있다. 흔히 이런 활동은 '누군가가 하겠지' 생각하고 남들에게 떠넘기기 쉽다.

여러분은 학생회 활동이나 봉사 활동에 참여하는가, 아니면 다른 누군가가 하기를 기다리는가? 학교 일은 그래도 교사나 행정 직원이 몇몇 학생에게 시켜서 하도록 하겠지만, 사회 일은 누군가 스스로 나서지 않으면 아무도 하지 않는 일이 벌어진다.

모두 자기만 생각한다면 어떻게 될까? 사회 곳곳에 문제가 넘쳐 날 것이다. 쓰레기 문제를 생각해 보자. 자치 단체에서 쓰레기를 관리하기가 귀찮으니까 각자 처리하자고 하면 어떻게 될까? 젊은 사람은 쓰레기를 쓰레기 처리장에 직접 가져갈 수 있겠지만, 노인은 힘들지 않을까? 쓰레기 처리장에 가져다 놓지 못한 쓰레기가 곳곳에 쌓이면 주변 환경이 더러워질 것이다. 결국 쓰레기 문제로 힘들어지는 건 나 자신이다.

그래서 아렌트는 사회에 사는 인간은 활동을 해야 한다고 보았다. 이러한 사회 속 인간 활동에 대해 쓴 책이 바로《인간의 조건》이다. 그렇다. 활동은 인간의 조건 가운데 하나인 셈이다.

물론 공공철학은 아렌트가 말하는 활동만을 가리키는 것은 아니다. 독일의 철학자이자 사회학자 위르겐 하버마스(1929~)가 설명한 의사소통 행위도 공공철학을 이루는 중요한 요소다. 의사소통 행위란, 한마디로 합의를 목표로 철저히 논의하는 것이다. 자신이 사회를 어떻게 바꿀 것인가 생각할 때에는 일방적으로 자기 입장만 내세워서는 안 된다. 다 함께 의논하고 합의해야 한다. 그 방법에 대해 함께 토의하는 것이 하버마스의 공공철학이라고 해도 좋을 것이다. 이것은 4장에서 다시 소개하겠다.

공공철학은 시대와 사회 상황에 따라 달라진다. 우리는 자신이 속한 시대와 사회 상황에 알맞게 공공철학을 세우고 실천해 나가야 한다.

모두의 일에 신경 써야 나도 잘 살 수 있다

오늘날 사회에는 어떤 공공철학이 필요할까? 결론부터 말하면 '공공성주의'가 필요하다. 공공성주의는 내가 처음 만든 말이다. 이것은 한마디로 국가나 사회 구성원에게 두루 연관된 공공의 영역을 생각하고, 거기에 더 적극적으로 뛰어들어 참여해야 한다는 것이다.

그럼 '공공'이 무엇인지 먼저 살펴보자. 이 세상에는 오로지 나와 연관된 일이 있고, 사회 전체와 연관된 일이 있다. 사람들은 앞의 것에는 '사私', 뒤의 것에는 '공公'이라는 말을 붙여 표현한다. 흔히 쓰는 '사적'이니 '공적'이니 하는 표현이 대표적인 예다. 그런데 이 두 가지에 덧붙여 '공공公共'이라는 세 번째 영역이 있다. 공공은 사회 전체와 연관되어 있지만 행정이 반드시 전부 돌봐 주지는 않는 영역이다.

왜 이런 영역이 생겨났을까? 돈이 한정되어 있기 때문이다. 사람들은 대부분 스스로 번 돈으로 먹고살기에도 빠듯하다고 여긴다. 경제적으로 여유가 좀 있더라도 일부러 남을 위해 무언가를 하려고 하지 않는다. 기본적으로 '나'의 영역에서만 생각하려 한다. 그래서 모두가 연관되지만 굳이 나서지 않는 사회의 일을 하기 위해 행정이 생겨났다. 행정에서 일을 하려면 예산이 있어야 하므로 사회의 모든 일을 할 수는 없다. 행정이 하는 일은 '공'의 영역에 한정되어 있다.

하지만 세상에는 뚜렷한 공적 영역에 속하지 않지만, 사람들이 나서서 해결해야 하는 일이 수없이 많다. 공원의 경우를 예로 들어 보자. 모든 공원이 늘 안전하고 깨끗한가? 마을 행정을 맡은 주민센터 직원이 아침마다 공원 놀이기구의 안전을 확인하고, 놀이기구 옆에서 아이들을 일일이 살펴볼까? 또 공원 잡초를 뽑을까? 그렇지 않다. 동네 공원은 디즈니랜드가 아니니까.

만약 공원을 항상 신경 쓰는 사람들이 있다면, 아이가 공원 놀이기구를 타다가 다치는 일은 벌어지지 않을 것이다. 사람들은 마음놓고 공원을 이용할 것이다. 이것이 바로 공공의 일에 적극적으로 참여하는 공공성주의의 결과다.

이처럼 공공성주의는 시민들이 공공의 일에 관심을 가지고 나서야 한다는 주장이다. 요즘 공공의 영역에서 풀어야 할 문제들이 넘쳐 난다. 모든 사람이 저마다 자기 일을 하느라 바빠서 공공의 영역으로 눈을 돌리지 않기 때문이다. 하지만 이런 상황이 계속되면 결국 곤란해지는 건 나 자신이다. 나는 사회 속에서 살고 있고, 한 명 한 명의 개인이 모여 사회를 이루니까 말이다.

그래서 공공성주의가 필요하다. 공공성주의는 사회 구성원 모두와 연관된 일에 적극적으로 뛰어드는 태도다. 곧 어른이 될 여러분도 이런 태도를 지녀야 한다. 그렇게 하면 비로소 어른답게 생각하고 행동할 수 있게 된다.

정치 참여가 왜 중요할까?

<hr />

정치는 어른이 되고 나서?

앞서 사회에 관심을 가지고 참여하는 것이 어른의 일이라고 말했다. 말이 나온 김에 가장 대표적인 사회 참여 활동인 정치를 알아보자. 정치는 어른이 되고 나서 하는 것일까? 아니다. 실은 어린아이도 정치를 할 수 있다. 정치가 무슨 뜻인지 먼저 짚어 보자.

정치는 '나라를 다스리는 일'이다. 국가 권력을 가진 국민들이 인간다운 삶을 살 수 있도록 하고, 서로 이익과 손해를 조정하며, 사회 질서를 바로잡는 일 따위를 가리킨다. 정치를 하려면 사회 구성원의 이익과 손해, 즉 이해를 잘 조정해야 한다. 한 나라 안에는 다양한 생각을 지닌 사람들이 살고 있으므로, 사람들 사이에 의견이 대립되는 일도 당연히 생겨난다. 서로 이해관계가 충돌하기 때문이다. 이런 상황에서 사람들이 의견을 나누고 문제를 함께 잘 풀어 갈 수 있도록 하는 것이 정치다. 민주주의 국가에서는 대체로 모든 국민이 함께 논의하고 마지막에 다수결로 결론을 내린다.

물론 과거에는 다른 방식이 있었다. 왕이나 몇몇 귀족이 지배하는 방식 말이다. 오늘날에도 여전히 독재자가 나라를 다스리는 곳도 있지만, 대부분의 나라에서는 국민 대다수가 납득할 수 있는 가장 좋은 방법으로서 민주주의를 채택하고 있다.

물론 민주주의에도 단점은 있다. 모두의 의견을 듣자면 효율성이 떨어지고, 다수 아닌 소수 의견은 제외된다. 하지만 적어도 모두가 의견을 낼 수는 있다. 이 점이 중요하다. 소수자가 결국 제외될지라도 자기 의견을 펼칠 기회는 있다.

민주주의 방식으로 운영되는 나라에 산다면, 되도록 모두가 정치에 참여해야 한다. 여기서 모두는 국가라는 공동체에 속한 모든 사람을 말한다. 이렇게 말하면 "어린이도 포함되나요?" 하고 묻는 사람이 있다. 물론 포함된다. 어린이는 투표할 권리를 가진 유권자는 아니지만 자기 생각을 말할 수 있다. 나라의 가장 중요한 법률인 헌법은 어린이를 포함한 모든 사람의 인권을 보장하고 있다. 그러므로 어린이도 의견을 말할 권리가 있다.

그러면 왜 어른만 선거에 참여할까? 선거를 잘 치르기 위해서는 참여자들이 어른스럽게 생각하고 판단하고 의견을 나눌 수 있어야 하기 때문이다. 어린아이는 남의 것을 힘으로 빼앗기도 한다. 왜 그랬냐고 물으면 '갖고 싶어서'라고 말한다. 어린이는 아직 이성적으로 생각하고 논의하고 이해관계를 조정하기 어렵다. 그래서 어른이 될 때까지는 선거에 참여하지 못한다. 이 말을 거꾸로 하면, 선거에 참여하는 18세가 될 때까지 나와 다른 생각을 가진 사람들과 논의하고 합의하는 법을 배우고 연습해야 한다는 말이다.

과연 18세에 이성적인 판단을 할 수 있을까? 소비세 인상, 사회 보장 확대 여부, 국가 안전 보장 정책처럼 어려운 문제를 잘 이해하고 판단할 수 있을까? 제 앞가림하기도 벅찬데 정치에도 참여해야 하는 것이 오늘날 선거권을 가진 18세 청소년의 현실이다.

배워야 제대로 참여한다

앞서 일본에서는 성년을 18세로 정하기 전에 이미 선거권 연령을 18세로 낮췄다고 말했다. 선거권 연령에 대한 결정은, 헌법 개정을 위한 국민 투표자의 연령 조건에 대한 논의 끝에 이뤄졌다. 나도 이 논의에 참여했다. 헌법심사회에 참고인으로 나가서 내 전문 분야인 공공철학의 입장에서 의견을 이야기했다.

그 자리에서 논의된 것의 핵심은 과연 18세에 헌법 개정에 대해 판단할 수 있는지 여부였다. 물론 나는 중고생들과 철학적인 대화를 쭉 나눠 왔기 때문에 충분히 가능하다고 답했다. 다만 18세까지 시민 교육을 더 충실히 해야 한다고 힘주어 말했다. 그러나 나의 제안은 그다지 실현되지 못하고 있다. 18세 청소년이 사회에 갖는 관심도는 여전히 낮고, 투표율 또한 높지 않은 점이 그 증거다.

선거권 연령을 낮추면 실버 민주주의*의 문제점을 해결할 수 있으리라고 기대했지만, 그다지 바뀌지 않았다. 선거권 연령을 낮춘다며 한바탕 야단법석을 떨었던 것에 비하면 초라한 결과다. 그렇지만 앞으로도 계속 그럴 거라고 딱 잘라 말할 수는 없다. 이제 18세가 되면 법률상 성인으로서 선거뿐 아니라 대부분의 일을 마음대로 할 수 있다. 사회에서 이런저런 경

* 일본에서 생겨난 신조어로, 노인 세대가 다수인 국가에서 노인들의 의사가 정책 결정 과정을 좌우하는 현상을 가리킨다.

험을 하다 보면, 자신 또한 사회의 한 구성원이라는 생각이 싹 틀 것이다.

정치는 정치판에서만 이뤄지는 게 아니다. 우리가 일상에서 하는 다양한 행위 자체가 정치다. 이런 이야기는 학교 수업에서 이미 배워서 알고 있을 테지만, 실제로 성인이 되어 경험해 보면 크게 실감한다. 이제부터는 날마다 자신이 사회의 구성원이며 정치와 깊은 관련을 맺고 있다는 사실을 기억하자. 그러면 선거와 정치 참여에 관심이 생길 것이다.

18세 청소년에게 바람직한 정치 참여를 이끌어 내려면, 중고등학생을 대상으로 하는 시민 교육은 정치 교육과 함께 해야 한다. 교사들은 또 할 일이 늘어났다고 생각할 수 있겠지만, 오히려 정치 교육을 함으로써 시민 교육을 더 효과적으로 할 수 있다. 수업 시간을 늘리기보다는 내용을 잘 구성해서 시민 교육과 정치 교육을 함께하는 것이 가장 좋다. 10대가 사회 구성원으로서 정체성을 가지고 올바른 정치 참여를 하기 위해서는 학교와 사회가 함께 나서서 더 좋은 교육 제도를 마련해 나가야 한다. 그래야 사회를 바꿀 수 있다.

정말 나 자신을
책임질 수 있을까?

스스로 책임지는 나이

나는 책임, 결혼, 계약이라는 주제를 큰 줄기로 하는 '어른학'을 구상하고 있다. 이 세 가지 주제가 성인으로서 하게 되는 주된 과제이자 일상 속에서 경험하는 정치의 내용이기 때문이다. 또한 무엇보다 정신적으로 어른답게 성숙해야만 할 수 있는 것들이기 때문이다.

이 책을 쓰는 동안 내가 운영하는 철학 카페에서 다양한 시민들과 '18세란 무엇인가?'를 주제로 대화를 나눴다. 주로 나온 이야기는 10대가 도대체 무엇을 어떻게 배워야 하는가 하는 문제였다. 획일적인 교육은 10대가 어른으로 자립하는 데 나쁜 영향을 준다느니, 리더십 교육이 주인 의식을 길러 준다느니, 나라 문제에 적극적으로 나섰던 역사 속 10대들의 이야기를 들려줘야 한다느니, 갖가지 의견이 나왔다.

모든 의견에 일리가 있다. 여러분은 방금 나온 얘기들의 공통 키워드가 무엇이라고 생각하는가? 나는 '책임'이라고 생각한다. 결국 사회에서 어른으로 제대로 살려면 법적 책임과는 상관없이 자기가 한 일에 책임을 질 줄 알아야 한다. 어린이가 벌인 행동에 대한 책임은 어른에게 묻는다. 책임을 진다는 것은 어른이 된다는 것과 같다. 그러므로 진정한 어른이 되려면 책임을 진다는 것의 의미를 제대로 배워야 한다. 법적인 책임을 공부하는 것만으로는 충분하지 않다. 철학을 통해 책임의 본질을 생각해 보아야 비로소 그 의미를 이해할 수 있다.

결혼과 계약도 10대 때 구체적으로 배워 두어야 한다. 어떤 의미에서는 이 두 가지도 책임 문제로 볼 수 있다. 많은 나라가 만 18세부터 결혼할 수 있도록 법으로 정해 놓았다. 몇몇 나라에서는 남자와 여자의 결혼 가능 연령이 다르지만, 현재 일본과 한국에서는 남녀가 똑같이 만 18세부터 결혼할 수 있다.*

---

* 한국의 경우에는 만 18세에 결혼하려면 부모 또는 미성년 후견인의 동의를 받아야 한다. 만 19세가 되면 법률상 성인이 되어, 다른 사람 동의 없이 결혼할 수 있고 단독 계약을 할 수도 있다.

다만, 일본에서 법적 성인이 되는 나이와 결혼할 수 있는 나이가 만 18세로 같아졌다는 것은 큰 의미를 갖는다. 성인이 되면 결혼도 스스로 책임져야 한다는 뜻이기 때문이다. 성인은 자기 의지로 가족을 만들고, 그 가족을 책임지는 사람이다.

계약도 마찬가지다. 법적 성인이 되면 부모 동의가 필요했던 각종 계약을 혼자 할 수 있게 된다. 그리고 이때부터는 미성년이라는 이유로 계약을 취소할 수 없다. 순간의 충동에 이끌려 계약하는 것이 더 이상 용납되지 않는다. 이것이 얼마나 큰 변화인지 분명히 깨달아야 한다. 갓 어른이 된, 하지만 여전히 어리숙한 10대에게서 이득을 얻으려고 하는 사람들이 많기 때문이다.

앞서 소개한 철학 카페에서 나눈 이야기 가운데 10대를 대상으로 하는 교육 방식이 능동적인 과제 해결 방식으로 바뀌어야 한다는 의견도 있었다. 어른이 되기 위해 꼭 알아야 할 내용은 교과서에 이미 자세히 쓰여 있다. 하지만 교실에 가만히 앉아서 교과서로만 배우면 시험이 끝난 뒤에는 무엇을 배웠는지 까맣게 잊어버린다. 역사 속 인물의 이름이나 사건의 연대라면 잊어도 될지 모르지만, 소비자의 권리와 의무는 잊으면 안 된다. 사회에서 자신을 지켜 나가려면 앞으로도 계속 기억해야 하는 내용이다.

이처럼 중요한 것을 잘 이해하고 기억하려면, 오래도록 인상에 남을 만한 체험과 실습이 필요하다. 각종 계약을 비롯해 어른이 되어 꼭 알아야 하는 것은 다양한 체험과 실습으로 배워야 한다. 이 과정을 거치면서 자기를 보호하고 스스로 책임지는 법을 뼛속 깊이 터득할 수 있다.

자유가 있는 곳에 책임도 있다

나는 지금까지 몇 번이나 '책임'이라는 말을 썼다. 여러분은 책임을 어떻게 이해하고 있는가? 사람들은 책임이라는 말을 쉽게 쓰는데, 과연 그게 정말 무슨 뜻인지 잘 알고 있을까?

책임은 어른학의 핵심이기에 더 자세히 살펴보려고 한다. 책임은 '맡아서 해야 할 임무나 의무'를 뜻하는 말로 사전에 나와 있다. 나는 책임이 '자신과 남의 행위를 받아들이는 것'이라고 생각한다. 쉽게 말해서 책임은 '나는 몰라요' 하고 변명하지 않는 자세다. 결국 책임진다는 것은 스스로 어떻게든 하지 않으면 안 된다는 말이다.

인간에게는 자유가 있다. 자유는 남에게 구속을 받거나 무엇에 얽매이지 않고 자기 뜻에 따라 행동하는 것이다. 물론 남에게 피해를 끼치는 행동은 하면 안 되지만, 그게 아니라면 무

슨 행동이든 해도 된다. 왜일까? 그것이 인간이 바라는 것이
기 때문이다.

사회는 인간이 바라는 것을 할 수 있도록 되어 있다. 갖고
싶은 것을 손에 넣을 수 있고, 하고 싶은 일을 해도 된다. 하지
만 어떤 일이든 부정적인 측면이 있다. 손에 넣은 것 때문에
문제가 생길 수 있고, 하고 싶은 일에만 너무 빠져 지내면 정
상 생활을 할 수 없다. 이런 일이 벌어지면 책임을 져야 한다.
이런 일로 남에게 피해를 입혔다면 보상해야 하고, 자기 자신
에게 해를 입혀 상태가 이상해졌다면 어떻게든 바로잡아 올
바른 방향으로 나아가야 한다. 이렇게 한다는 조건 아래 자유
가 허락되는 것이다.

남에게 해를 끼쳤을 때 보상하고, 스스로 회복하기 위해 노
력하는 것이 바로 책임을 지는 행위다. 미성년자는 이런 행위
를 할 수 없는 존재로 여겨진다. 다시 말해, 미성년자는 일을
해서 보상하고, 깊이 생각해 바른 판단을 내리며, 스스로 바로
설 수 있는 존재로 간주되지 않는다. 초등학생에게 보상을 하
라거나 스스로 노력해서 회복하라고 할 수는 없는 노릇이다.
중고생이라면 불완전하게나마 어느 정도 가능할지 모르겠다.
아무튼 오늘날에는 사회적으로 이러한 책임을 지는 행위가
성년부터 가능하다고 본다.

물론 어른이라고 모든 행동에 책임을 질 수 있는 건 아니다. 책임질 수 있다고 생각하고 행동해도 뜻밖의 상황이 펼쳐질 수 있다. 많은 사고가 이렇게 해서 일어난다. 이런 상황에는 사람의 힘으로는 어쩔 수 없는 '운'도 영향을 끼친다. 몇몇 철학자는 운에 따라 도덕적 평가가 달라지는 일이 실제로 있다고 주장하며, 그런 운을 '도덕적 운'이라고 이름 지었다. 이런 도덕적 운에 따라 일어난 일에도 책임을 져야 할까? 정도에 따라 얘기가 좀 달라질 수 있지만, 운이 영향을 끼치는 것도 포함해 책임을 져야 한다. 어른이라면 운의 영향까지도 책임져야 하는 위험을 무릅쓰고 행동해야 한다.

어른이 되면 이처럼 무거운 책임을 떠안아야 한다. 그러므로 어른이 되기 전에 어른학 공부를 해서 책임의 의미를 깊이 배우고 이해해야 한다. 또한 다양한 실천을 통해 배워야 한다. 특히 생각하는 법을 배워야 한다. 자기 머리로 생각하지 못하면 아무것도 제대로 알 수 없다. 이것에 대해서는 다음 장에서 다시 살펴보자.

4장

나만의 답을 찾는 법

주어진 답을 의심하자

여기까지 읽었다면, 생각하는 것과 철학 하는 것이 무엇인지 제법 구체적으로 머릿속에 그려질 것이다. 이제 철학 하는 방법을 더 자세히 알아보자.

앞서 1장에서는 철학은 무엇이고, 얼마나 중요한지 살펴봤다. 2장에서는 10대가 실제로 겪는 몇 가지 문제를 철학으로 어떻게 풀어 나갈 수 있는지 알아보았다. 이어서 3장에서는 곧 어른이 될 청소년을 둘러싼 여러 문제를 공공철학의 관점에서 생각해 보았다.

순서로 보면, 1장에서 철학이 무엇인지 알아본 뒤에 철학

하는 방법을 깊이 살펴보고, 구체적인 문제와 연관 짓는 것이 나아 보이기도 한다. 하지만 구체적인 이야기를 하지 않고 철학을 하는 방법만 자세히 설명하다 보면 금세 지루해지지 않을까 하는 걱정이 앞선다. 이런 생각 때문에 나는 어디에서 강의를 하든 늘 구체적인 예를 든 뒤에 더 깊은 이야기로 들어간다. 자, 그럼 '생각하는 것'에 대해 더 깊이 생각해 보자.

먼저 철학 하는 과정을 다시 떠올려 보자. 맨 처음에는 의심을 해야 한다고 했다. 상식과 확신을 의심해 보기. 그런 뒤에야 우리는 비로소 생각하기 시작한다. 우리는 평소에는 생각하지 않고 살기 쉽다. 무엇을 보든, 무엇을 다루든 그 대상을 그저 받아들이거나 지나쳐 버린다. 하나하나 의심하지 않는다. 하지만 생각을 하려면 대상 앞에 멈춰서 둘레를 빙글빙글 돌아야 한다. 만약 지나치려고 했다면 다시 그 대상에게 돌아가야 한다.

이때 다른 사람이 말을 걸려고 하면 "응, 잠깐만" 하게 된다. 이런 표현은 어떤 것을 그저 받아들이거나 지나칠 뻔했을 때, 일부러 멈춰서 그것 주위를 빙빙 돌거나 그것으로 되돌아갈 때 쓴다. 머릿속에서 이런 행위를 할 때에야 우리는 비로소 생각한다. 이렇게 보면 생각은 다시 돌아가는 것이라고 말할 수 있다.

바쁜 일상에서 우리는 되돌아가는 것을 잊어버린다. 어린 시절에는 자연스레 했던 일인데 말이다. 아름다운 꽃을 보면 일부러 돌아가서 눈을 크게 뜨고 살펴본다. 부모가 손을 끌며 "이제 가자" 하고 재촉할 때까지 꽃을 떠나지 않는다. 정도의 차이는 있겠지만 모두 그랬을 것이다. 부모의 차이도 있었을 것이다. 아이가 무언가를 자세히 살펴볼 때 원 없이 보도록 부모가 가만히 기다려 주면 좋을 텐데, 대부분의 부모는 바쁘다며 아이 손을 끌고 가 버린다. 그러면 아이는 생각할 기회를 놓치고 만다.

우리 주위에는 생각할 거리가 잔뜩 있다. 아이에게 자연은 생각거리로 가득한 창고다. 이런 것을 보면 '되돌아간다'는 말에 또 다른 뜻을 붙일 수 있다. 바로 자연으로 되돌아간다는 뜻이다.

인공적인 것은 편리한 생활을 위해 만들어졌다. 그래서 되도록 생각하지 않아도 되게끔 만들어져 있다. 누구나 편리하게 사용할 만한 물건은 누구나 생각할 필요가 없는 물건인 셈이다. 이런 편리한 물건을 쓰다 보면 생각할 기회를 놓친다. 이럴 때 자연으로 돌아가면, 바꿔 말해서 '아날로그 도구'를 사용하면 우리는 생각을 하게 된다. 무인도에서 살아가는 모습을 상상해 보자. 한시라도 생각하지 않으면 살 수가 없다.

섬에 있는 것으로 어떻게든 살아 나가야 하니까 말이다.

스마트폰이 편리한 도구임은 틀림없지만, 사람들에게서 생각하는 힘을 빼앗고 있는 것 또한 틀림없다. 스마트폰을 들여다보느라 아름다운 꽃을 지나쳐 버리지 않도록 조심하자. 꽃을 무심히 지나친다는 건 생각을 잊어버렸다는 뜻이니까.

시야를 열고 상상해 봐라

이렇게 말하면 스마트폰을 하면서도 꽃을 잘 볼 수 있다고 주장하는 사람이 있을 것이다. 자기는 결코 길거리에서 스마트폰을 보며 주위를 살피지 않고 걷는 '스몸비smoombie*'가 아니라면서. 물론 둘 다 볼 수도 있다. 하지만 내가 말하고 싶은 건 그게 아니다. 모두 보고 있는 것처럼 보이지만 실은 보고 있지 않다고 말하고 싶은 것이다.

설령 보고 있더라도 그저 겉만 볼 뿐이다. 일찍이 독일의 근대 철학자 칸트는 사물에는 인간이 알 수 없는 측면이 있다고 보았다. 인간이 오감으로 파악할 수 없는 사물 그 자체를

---

* 스마트폰 화면을 들여다보느라 길거리에서 고개를 숙이고 걷는 사람을 넋 빠진 시체 걸음걸이에 빗대어 일컫는 말 '스마트폰(smartphone)'과 '좀비(zombie)'를 합성한 말로, 2015년 독일에서 처음 사용되었다.

'물자체物自體, Das Ding an sich'라고 불렀다.

그래도 나는 인간이 보이지 않는 것을 볼 수 있다고 생각한다. 바로 상상을 통해서 말이다. 일본 철학자 와시다 기요카즈(1949~)는 '의식적으로 시야를 열지 않으면 세상이 보이지 않는다'고 했다.

보이지 않는 것을 보기는 어렵다. 어떻게 하면 사물의 진짜 모습이 보일까? 기요카즈가 말했듯, 시야를 열고 대상의 배경에 있는 것을 상상하면 볼 수 있다. 그러려면 대상에 대한 여러 가지를 알아야 한다. 상상도 재료가 있어야 할 수 있다. 전혀 알지 못하는 무언가를 상상할 때, 우리는 이미 아는 것에 비유하거나 아는 것을 편집해 이미지를 만들어 낸다.

그러므로 대상에 대해 아는 것이 많을수록 상상하기가 쉬워진다. 책과 인터넷을 통해서 대상을 알아볼 수도 있지만, 가장 좋은 건 체험으로 아는 것이다. 몸으로 경험한 것은 좀처럼 잊히지 않는다. 아주 자세하게 기억나기 때문에 상상에 큰 도움이 된다. 그저 눈으로만 보았더라도, 도감에서 보았을 때와는 크게 차이가 난다. 눈에 들어온 장면이나 그 순간의 기분 같은 모든 게 상상의 재료가 되기 때문이다. 그러므로 밖에 나가서 걸을 때 되도록 두리번거리면서 주위를 살피는 것이 좋다. 또 무엇이든 기회가 있으면 직접 해 보는 것이 좋다. 관찰과 경험이 상상에 큰 도움이 된다.

그러나 관찰과 경험이 많다고 해서 반드시 상상을 잘하는 건 아니다. 상상을 잘하려면 아는 것을 모으고 분류하고 조합하는 감각이 필요하다. 요리와 똑같다. 이미 알고 있는 다양한 레시피를 상황에 알맞게 조합할 줄 알면 손쉽게 창작 요리를 만들 수 있다.

그런데 요리를 잘 몰라도 재미난 창작 요리를 내놓는 사람이 있다. 지식은 부족해도 센스가 있는 사람이다. 상상에도 센스가 필요하다. 이렇게 말하면 절망할 수도 있겠지만 상상에 필요한 센스는 타고난 예술적 감각과 달리, 누구나 훈련으로 익힐 수 있다. 그 훈련은 비슷한 것을 찾는 것이다. 평소에 어떤 사람이나 사물을 보면서, 그것이 무엇 또는 누구와 닮았는지 계속 찾다 보면 저절로 상상 센스가 길러진다. 서로 다른 것을 같은 것으로 보려면 상상력이 필요하다. 이것이 핵심이다.

어느 순간 깨달았다. 다른 사람의 말투나 그림 흉내를 잘 내는 사람이 상상력도 풍부하다는 사실을 말이다. 나도 상상력이 꽤 뛰어난 편인데, 중고등학생 때 교사 흉내를 곧잘 내서 친구들을 웃기고는 했다. 동떨어진 것처럼 보이는 두 가지 면이 실은 연관성을 지니고 있었던 것이다. 단, 교사가 보는 곳에서 흉내를 내다가는 꾸지람 듣게 되니 눈치껏 하자.

관점을 바꿔 보자

'관점 바꾸기' 연습을 사람들에게 시켜 보면 대개 어렵다는 반응이 돌아온다. '의심하기'는 그래도 방법이 단순하다. 자기 생각과 반대되는 것을 떠올리면 되기 때문이다. 의심하고 상상한 것을 재구성하는 것도 그다지 힘들지 않다. 논리적으로 사고하면 되기 때문에 비교적 익숙한 일이다.

그러나 관점 바꾸기는 우리가 평소에 잘하지 않는 생소한 일이다. 그래서 어렵고 복잡하게 느껴진다. 관점 바꾸기는 머리를 여러 개로 나눠 써야 한다. 좀 더 정확하게 말하자면, 생각을 여러 갈래로 해야 하기 때문에 어렵다.

사람은 대개 하나의 흐름에서 생각을 뻗어 나간다. 마치 길을 하나 골라서 그 길로만 쭉 걷는 것과 같다. 관점을 바꾸는 건 지금 걷는 길에서 갑자기 다른 길로 옮겨 가는 것이다. 그런 상황이 되면, 먼저 어디에서 다른 길로 들어서야 할지 생각해야 한다. 아니, 그보다 어디에 어떤 다른 길이 있는지부터 찾아보아야 한다. 이것은 여간 어려운 일이 아니다. 더 성가신 것은 이런 일을 여러 차례 되풀이해야 한다는 점이다.

그런데 과연 우리는 단지 어렵고 복잡하기 때문에 관점을 바꿔 생각하려 하지 않는 걸까? 사실 그 이유에서만은 아니다. 만약 관점을 바꿔서 얻는 이득이 바꾸지 않았을 때 얻는 이득보다 크다면 사람들은 무슨 수를 써서라도 관점을 바꾼다. 인간은 이득을 좇는 동물이니까. 그렇다면 별다른 이득을 얻을 수 없어서 관점을 바꾸지 않는 것일까? 아니다. 관점을 바꿔서 얻는 이득은 세상에 가득하다. 그럼 게을러서 관점을 바꾸지 않는 걸까? 그럴 수도 있겠지만, 나는 사람들이 그 이득을 모르기 때문일 거라고 추측한다.

관점을 바꾸어 여러 갈래에서 생각하면 반드시 이로운 점이 있다. 그런데 사람들은 이 사실을 모른다. 관점 바꾸기를 배울 기회가 없었기 때문이다. 철학이 바로 관점 바꾸기를 가르쳐 주는 학문이지만, 철학을 배우는 사람은 아주 적다. 게다가 그 사람들이 배우는 철학은 관점을 바꾸어 생각하는 게 아니라 과거 철학자들의 말을 분석하는 데 그친다.

서양에서는 더 많은 사람들이 철학을 배우지만, 이들도 관점을 바꾸는 사고법이 아니라 역사상 유명한 철학자들이 한 말을 공부할 뿐이다. 그러니 모두가 관점 바꾸기를 잘 모를 수밖에 없다. 하지만 이제 여러분은 철학에 관점을 바꾸어 생각하는 과정이 있다는 사실을 알게 되었다. 그리고 그렇게 하면 큰 이득을 얻을 수 있다는 것도 알게 되었다. 그러니까 이제 관점 바꾸기를 시도해 보자.

신의 경지에 이르는 길

철학을 하는 과정은 모두 중요하다. 하지만 누군가가 굳이 '가장 중요한 과정은 무엇인가?' 하고 묻는다면 나는 관점 바꾸기를 꼽겠다. 다른 시각으로 보아야 비로소 본질을 볼 수 있기 때문이다.

무언가에 대해 아무리 의심을 하고 깊이 생각한다고 해도, 다른 관점으로 보지 않으면 앞으로 나아갈 수 없다. 다양한 관점으로 대상을 깊이 살펴보고 나서 알게 된 것들을 재구성하는 단계로 접어들어야 한다. 그런데 때로는 다른 관점으로 보기만 해도, 답이 '짠' 하고 나타나기도 한다. 입구가 막혀 있을 때, 입구는 그곳뿐이라고 생각하면 앞으로 나아갈 수 없다. 그때 뒷문이 있다는 사실을 알면 그것만으로 문제가 해결된다. 뒷문이 없다면 담을 기어 올라가거나, 담 아래 구멍을 파고 들어갈 수도 있다.

이처럼 관점을 바꾸면 문제가 어려워도 해결의 실마리를 찾을 수 있다. 내가 좋아하는 말 가운데 고대 도시 국가 카르타고의 장군이었던 한니발(BC 247~BC 183)이 남긴 명언이 있다. '관점을 바꾸면 불가능도 가능이 된다'라는 말이다. 한니발은 놀랄 만한 전술로 전쟁터에 나갈 때마다 승리를 이끌어 냈다. 명장 한니발의 이 말 자체가 내게는 하나의 새로운 관점으로 다가왔다. 관점을 바꾸기만 해도 불가능이 가능으로 된다는 관점을 손에 넣은 셈이다. 그 뒤로 문제를 만날 때마다 관점을 바꾸어 문제를 마주하고 있다. 어떤 문제든 무조건 해결할 수 있다고 생각하며 되도록 다양한 관점에서 문제를 바라보려고 한다.

이런 방법으로 계속 나아가다 보면 결국 신의 경지에 이르게 될 것이다. 신은 전부 보고 있다. 신을 믿느냐 안 믿느냐의 문제와 상관없이, 모든 것을 아는 존재가 있다고 가정했을 때 바로 자신이 그런 신 같은 존재가 될 거라는 얘기다. 나는 항상 그런 신을 상상하며, 신이라면 어떻게 보고 있을까 생각한다. 그러면 수많은 관점이 떠오른다.

이런 신과 같은 경지에는 단번에 이를 수 없다. 나도 오랫동안 여러 관점에서 대상을 바라보는 경험을 한 끝에 이런 관점이 내 안에 차곡차곡 저장되어 신을 상상할 수 있게 되었다. 거꾸로 보면, 이런 경험을 하면 누구나 신의 경지에 이를 수 있다는 말이다. 신이니 뭐니 하면, 썰렁한 소리로 들릴지도 모르겠다. 그런데 이것은 독일 관념론을 완성한 철학자 헤겔이 한 얘기다. 헤겔은 '절대지絶對知'라는 말을 사용해, 인간의 의식이 다양한 경험을 거쳐 신과 같은 '지知'에 이를 수 있다고 말했다. 이때의 경험은 다양한 관점에서 무언가를 보는 것이라고 이해해도 좋다.

내 경우에는, 내가 다양한 것이 되었다는 생각으로 의인화해서 대상을 파악하려고 한다. 예를 들어, 눈앞에 있는 포스트잇의 본질에 대해 생각한다고 치자. 그러면 포스트잇을 개미의 관점부터 우주의 관점까지 다양한 관점에서 본다. 내가 개미라면 포스트잇이 무엇으로 보일까, 어떻게 보일까 생각해보는 것이다. 우주의 관점에서 볼 때에는 내가 우주에서 보는 게 아니라 내가 우주가 되어서 본다. 그렇지 않으면 어디에서 보든 나는 나라서 포스트잇을 그저 포스트잇으로 볼 수밖에 없기 때문이다. 하지만 우주가 되어 보면 분명히 다르게 보인다. 어쩌면 내가 낳은 아이처럼 보일지도 모른다. 모든 물질은 우주에서 탄생했으니까 말이다.

물론 개미나 우주 같은 형태가 있는 물질뿐 아니라, 물건의 성질처럼 형태가 없는 것이나 사랑과 정의 같은 추상적인 개념을 통해서도 대상을 이해할 수 있다. 오히려 차원이 다른 다양한 것에서 대상을 파악하려고 하는 게 좋다. 그래야 비로소 신의 경지에 이를 수 있다.

새로운 말로 표현해 보자

앞서 철학은 무언가를 의심하고, 다양한 관점에서 바라보고, 비로소 알게 된 것을 재구성해 말로 표현하는 과정을 거친다고 했다. 말로 표현하는 과정은, 의심하고 여러 관점에서 살펴보아서 깨달은 것들을 비슷한 내용끼리 묶어서 한 문장으로 만드는 것이다.

말로 표현하는 건 어렵지만 우리에게 친숙한 작업이기도 하다. 국어 시간에 많이 해 보았기 때문이다. '저자가 말하고자 하는 것을 100자 이내로 서술하시오' 하는 문제를 많이 풀어 보았을 것이다. 말로 표현하기는 이런 문제를 풀 때와 같은 방법으로 하면 된다.

또 다른 방법으로, 자유롭게 여러 생각을 내놓는 브레인스토밍을 하고 나서 의견을 한데 모으는 케이제이법KJ Method도 있다. 이 방법은 일본 문화 인류학자 카와키타 지로(1920~2009)가 만들었다. 먼저 주제를 결정한 다음, 참가자들이 저마다 주제에 따른 자기 생각을 카드에 적어 낸다. 내용이 비슷한 카드끼리 묶고 단순화하는 과정에서 모두의 생각이 깃든 새로운 개념을 찾아낸다. 요즘에는 회사뿐 아니라 학교에서도 케이제이법을 많이 활용한다.

나는 이 방법을 조금 비틀어 보고 싶다. 그저 여러 관점에서 얻은 모든 지식이 아닌, 그 가운데서 자기 마음에 드는 것만 모아서 하나로 정리해 보면 어떨까? 여러 관점에서 파악한 내용들 가운데 자기가 재미있다고 느낀 것이나 마음에 든다고 여긴 것만 고른다. 이런 대담한 짓을 하면 본질을 잃어버릴 거라고 염려할 수도 있지만, 결국 무언가를 다시 파악하는 것은 또 다른 관점을 갖는 것일 뿐이다.

세상의 진짜 모습은 신만이 안다. 우리가 아무리 신의 경지에 이른다고 하여도, 인간이기에 신이 될 수는 없다. 이런 한계가 오히려 인간이기에 누리는 장점이기도 하다. 신이 되어 모든 것을 꿰뚫어 볼 수 있게 되면 삶이 재미없지 않을까? 그러므로 무언가의 본질을 파악하려고 하는 것은 그저 좀 더 넓은 시야에서 그 대상을 새롭게 보려고 하는 시도라고 생각하면 좋겠다. 어차피 전부 완벽하게 파악할 수는 없으므로, 내 마음에 드는 새로운 내용을 추려서 정리하는 것도 괜찮다.

여러 관점에서 두루 살펴본 끝에 찾아낸 새로운 세상을 새로운 말로 표현하는 것, 이것이 바로 철학이다. 이렇게 생각하면 철학을 좀 더 가벼운 마음으로 즐길 수 있지 않을까? 하지만 가벼운 마음으로 즐길 수 있는 일이라고 해도, 철학은 큰일이다. 왜냐하면 세상을 새로운 말로 표현한다는 건 다른 세상에 살게 되는 것을 뜻하기 때문이다.

세상은 말로 이루어져 있다. 아주 조그만 것에도 이름이 붙어 있다. 아직 이름이 없는 것도 그것을 나타내려면 말로써 표현하는 수밖에 없다. 그러므로 무엇 하나를 새로운 말로 표현하는 순간, 그것을 둘러싼 세상은 다른 세상으로 바뀐다.

펜을 예로 들어 보자. 펜 따위 대수롭지 않게 여길지 모르지만, 꽤 쓸모 있는 물건이다. 펜의 의미가 달라지면, 그 뒤로 펜을 쓸 때마다 다른 세상에 살게 된다.

나는 초등학생들과 펜을 두고 철학 수업을 한 적이 있다. 그때 우리는 펜의 본질을 생각하고, 펜은 단순히 글자를 쓰는 도구가 아닌 '마음을 형상화하는 것'이라는 결론에 이르렀다.

그 뒤로 펜을 쓸 때마다 펜으로 마음을 형상화한다는 생각이 들어 글 쓰는 일이 더욱 창의적으로 느껴졌다. 그리고 나서 사소한 문장도 문학 작품처럼 신경 써서 표현하게 되었다.

펜의 본질을 생각하는 철학 수업은 나에게 놀라운 변화를 가져왔다. 내 삶이 아주 조금 나아진 것 같았다. 그렇다. 철학을 하면 더 잘 살 수 있다. 일찍이 철학의 아버지 소크라테스도 그렇게 말했다. 인류는 2,000년이 넘는 긴 시간 동안 삶과 세상을 더 좋게 만들기 위해 철학을 해 왔다.

기발한 표현을 저장해 둬라

앞서 세상은 말로 이루어졌다고 했다. 주위를 둘러보라. 무엇이 보이는가? 책상, 연필꽂이, 지우개, 컴퓨터, 가방, 문, 책……. 이 모든 것에 이름이 붙어 있다. 이름은 물건을 구별할 수 있게 해 준다.

이상하게 들릴 수 있지만, 다른 물건도 같은 이름으로 부르면 같은 것이 된다. 지우개도, 컴퓨터도 책상이라고 부르면 다 책상이 된다. 실제로 프랑스에서는 나비와 나방을 똑같이 '파피용papillon'이라 부른다. 우리는 형태와 종류가 아닌 이름으로 대상을 구별한다. 그만큼 이름, 곧 말은 중요하다.

그러므로 철학을 하는 과정에서 깨달은 것을 말로 표현하는 일은 매우 중요하다. 여기에는 말을 잘하는 감각이 필요하다. 좋은 말은 겉과 속이 모두 반듯하다. 말의 겉이 반듯하다는 건 어감이 좋다거나 외우기 쉽다는 뜻이다. 말의 속이 반듯하다는 건 말이 가리키는 대상의 본질을 제대로 나타낸다는 뜻이다.

전기 자전거를 예로 들어 보자. 이것은 전기 모터를 단 자전거로, 전기로 움직이기 때문에 '전기 자전거'라는 이름이 붙었다. 물건의 성질을 잘 표현할 뿐 아니라 짧은 낱말로 되어 있어 외우기도 쉽다.

요즘 많이 쓰이는 말 가운데, 역세권에서 파생된 'ㅇ세권' 표현도 재미있다. 지하철이나 기차 역에서 가까운 지역을 뜻하는 '역세권'이 다양한 지역을 가리키는 말로 응용되어 숲에서 가까운 '숲세권', 학교가 가까이에 있는 '학세권' 같은 기발한 표현이 생겨났다. 철학은 개념을 다시 정의하는 일이기 때문에, 이처럼 하나의 표현을 여러 방식으로 새롭게 패러디하는 것도 도움이 된다.

나는 철학을 삶에서 실천하는 법을 알려 주는 강의와 워크숍을 진행하고 있다. 그런 자리에서 말로 표현하는 연습을 하면서 나온 몇 가지 예를 소개한다.

사무실이 모여 있는 오피스 빌딩이 줄어드는 현상을 가리키는 '오피스 헬', 다이아몬드처럼 귀중한 대화를 뜻하는 '다이아 문답' 같은 표현이 단 몇 분 만에 나왔다. 이처럼 평범한 사람들도 얼마든지 재치 있는 표현을 할 수 있고, 말을 잘하는 감각을 키울 수 있다.

말 잘하는 감각을 기르는 방법으로 가장 손쉽고 효과적인 것은 말장난이다. 하나하나 소리 내어 말하지 않더라도 머릿속으로 늘 말장난을 하다 보면, 기회가 주어졌을 때 기발한 표현이 바로 튀어나온다.

더 다양하고 좋은 표현을 할 수 있도록, 어휘력을 늘리는 일도 중요하다. 어휘력은 평소 글을 조금만 신경 써서 읽어도 좋아진다. 신문이든 책이든 어떤 자료든 상관없다. 모르는 말, 재미있는 표현을 보면 어딘가에 써 두거나 바로 검색해서 잘 기억해 두면 좋다. 우리는 날마다 참 많은 말을 만난다. 그렇기 때문에 조금만 신경을 쓰면 말들이 눈앞에서 획 지나가지 않고 자기 안에 쌓이게 할 수 있다. 언제든 제대로 꺼내 쓸 수 있게 말이다.

대화로 생각을 발전시키자

상대의 허점을 찾아라

철학은 머리로 생각하는 일이기 때문에 혼자 하는 거라고 여기기 쉽다. 하지만 그건 오해다. 철학은 대화에서 시작되었다. 그러므로 대화를 하면 철학을 더 효과적으로 할 수 있다.

철학을 하려면 다양한 관점에서 바라보는 것이 꼭 필요하다. 대화는 이 다양한 관점을 제공한다. 스스로 다른 관점을 가지는 건 어렵지만 남과 대화를 하면 그 사람의 대답, 아니 그 사람 자체가 다른 관점이 된다. 대화는 다른 사람과 하는 것처럼 보이지만, 실은 자기 자신과 하는 것이다. 상대가 하는 말에 귀를 쫑긋 기울여야 하지만, 이것은 상대를 위해서가 아니라 자기 머릿속에 상대의 관점을 집어넣기 위해서다.

많은 사람이 대화를 캐치볼에 비유한다. 정확히 말하면 대화는 생각의 캐치볼이다. 아니 더 정확히 말하면, 캐치볼이 아니라 떡메 치기에 가깝다. 캐치볼을 할 때 주고받는 공은 변하지 않지만, 대화를 나눌 때 주고받는 생각은 점점 변해 간다. 대화를 하는 동안 생각은 발전하고 깊어지면서 완성되어 간다. 마치 두 사람이 절구 속에 담긴 찐 쌀을 떡메로 치고 매만져 떡으로 완성해 가는 것처럼 말이다. 여러분은 직접 경험한 적 없어도, 텔레비전이나 어딘가에서 본 적은 있을 것이다. 한 사람이 떡메를 잡고 절구 속 떡을 내리치면, 다른 사람이 흥을 돋우는 추임새를 넣으며 떡을 뒤집는다. 이 작업을 반복해야 비로소 떡이 완성된다.

물론 대화는 생각을 완성하는 과정이기에 떡메 치기보다 복잡하다. 상대의 말을 듣고 어떻게 이야기를 이어 가느냐 하는 문제가 가장 어렵다. 생각을 발전시키려면 상대의 말에 허점을 찾아 날카롭게 찌르며 파고들어야 하기 때문이다. 그러면 상대는 자신의 허점을 인정하여 입을 다물거나, 반발하며 '아니야, 더 들어 봐' 하면서 자기 생각을 열심히 설명한다. 다만 허점을 찾아 찌르는 건 그리 간단하지 않다. 좋은 대화는 서로 허점을 잘 찾아내어 찌른다.

상대의 허점을 찾아 찌르는 방법으로 다섯 가지가 있다. 뒤집기, 깊이 파고들기, 나누기, 덧붙이기, 정리하기다. 첫째, 뒤집기는 상대 말을 부정하거나 반대되는 이야기를 하는 것이다. 둘째, 깊이 파고들기는 상대 이야기를 더 구체적으로 묻거나 다른 것에 적용시키는 것이다. 셋째, 나누기는 상대의 이야기를 종류별, 경우별로 구분해 보는 것이다. 넷째, 덧붙이기는 말 그대로 상대의 이야기에 내용을 더하는 것이다. 다섯째, 정리하기는 상대 말을 단순히 정리할 뿐 아니라 추상적으로 표현하는 것까지 포함한다.

이렇게 대응하면 상대는 반응을 보일 수밖에 없다. 그저 입을 다물고 듣거나 그냥 맞장구만 쳐서는 상대의 허점을 제대로 파고들지 못해 생각을 발전시킬 수 없다. 앞으로 대화할 때에는 상대의 허점을 찾아 찌르는 방법을 떠올리기 바란다.

대화의 장을 열어 보자

앞서 소개했듯이, 나는 오랫동안 철학 카페를 운영해 왔다. 사람들에게 철학적인 대화를 나눌 공간을 열어 주고, 서로 활발하게 이야기를 나누며 생각을 발전시켜 나갈 수 있도록 돕는다.

철학 카페는 세계 곳곳에서 다양하게 열리고 있다. 1992년 프랑스 파리에서 철학자 마르크 소테(1947~1998)가 일반 시민을 대상으로 연 철학 토론 모임에서 비롯된 철학 카페는 여러 사람이 모여서 하나의 주제를 놓고 대화를 나누는 자리다. 갖가지 형태가 있지만, 나는 30명 이내의 사람들이 한 주제를 놓고 한 시간에서 한 시간 반 동안 이야기를 나누도록 이끈다. 주제는 내가 정한다.

나는 모임을 이끌면서, 참가자들이 저마다의 생각을 스스로 곱씹을 수 있도록 돕는다. 철학 카페는 어디까지나 대화의 장이지, 논쟁이나 연설의 자리가 아니다. 자기 생각을 의심하고 남의 의견을 다른 관점에서 바라보면서 생각을 재구성하는 자리다. 이러한 작업이 잘 진행되도록 하기 위해 나는 세 가지 규칙을 정했다. 어려운 말 쓰지 않기, 남의 말 잘 듣기, 전적으로 부정하지 않기다.

세 가지 규칙 모두 남의 관점을 잘 활용해 생각을 깊이 발전시켜 나가려면 꼭 필요하다. 어려운 말을 쓰면 다른 사람들이 다양한 관점을 내놓기가 어렵다. 남의 말을 귀 기울여 듣지 않으면 대화하는 의미가 없어진다. 또 남의 말을 전부 부정해 버리면 거기서 대화가 끝나고 만다.

내 역할은 그런 대화가 활발히 이뤄지도록 교통정리를 하는 것뿐이다. 그저 참가자들의 이야기를 정리하는 데 그치는 건 아니다. 참가자들이 흥이 나도록 이끄는 것도 포함된다. 흥이 나지 않으면 생각을 발전시킬 수 없다. 인간은 기분에 좌우되는 동물이다. 그래서 분위기가 아주 중요하다. 철학 카페에서 가장 좋은 분위기란 생각을 하고 나누는 것이 즐거워지는 순간이다. 한마디로, 참가자 한 명 한 명이 자기 생각을 자신 있게 이야기할 수 있는 분위기다.

만약 모든 사람이 자기 생각을 말하는 데 두려움을 느낀다면 어떨까? 분명 그 자리는 지루해질 것이다. 반성하기 위한 자리가 아니기 때문이다. 따라서 철학 카페 운영자는 분위기를 띄울 줄 알아야 한다. 분위기를 띄우는 방법 가운데 하나가 '정말', '진짜' 같은 말로 추임새를 넣는 것이다. '지금 해 주신 말은 정말로 저희가 기다리던 말입니다', '○○님이 진짜 잘 말해 주신 것처럼' 하는 식으로 쓰면 된다.

이렇게 맞장구를 치면 말하는 사람이 용기를 가지게 된다. 누구라도 자기 말을 기다리고 있었다거나 자기 말이 정답이라는 얘기를 들으면 기쁘고, 자신감이 생길 것이다. 또한 듣고 있던 다른 참가자들도 그런 반응을 얻고 싶어서 좀 더 적극적으로 이야기하게 된다. 물론 아무 말에나 맞장구를 칠 수는 없다. 알맞은 때에 추임새를 넣어 이야기가 제대로 나아가도록 이끌어야 한다. 결국 모든 이야기가 어떤 식으로든 주제와 연관되어 있을 수밖에 없기 때문에 각각의 이야기를 연결시키는 건 그리 어렵지 않다.

만약 이 책을 읽는 10대 여러분이 철학 카페를 열고 싶다면, 여기에 나온 최소한의 주의 사항과 세 가지 규칙, 교통정리 요령 정도만 알아 두어도 좋다. 무엇보다 큰 부담을 갖지 않고 즐기면서 하는 것이 가장 중요하다.

저마다 답이 달라도 좋다

철학은 본질을 탐구하는 학문이며, 그 과정 끝에 얻는 답은 사람마다 다르다. 자유의 본질도 사람에 따라 달라지기 때문에 '자유의 나라'라고 불리는 미국 같은 곳에서도 갈등이 벌어지지만, 생각의 차이를 좁히면 함께 살아갈 수 있다.

우리는 철학을 통해 자기만의 답을 가질 수 있다. 먼저 자기만의 답을 가진다는 것이 얼마나 중요한지 살펴보자. 만약 모든 사람이 똑같은 대답밖에 하지 못한다면 어떻게 될까? 하나하나 따지지 않아도 된다는 점에서는 편리할 것이다. 그러나 문제는 어떻게 모든 사람이 똑같은 답을 가지게 되었느냐이다. 저마다 생각한 끝에 우연히 같은 답을 얻은 거라면 괜찮다. 좀 찜찜하긴 해도. 하지만 그게 아니라 누군가가 수를 써서 같은 답을 갖게 했거나, 누군가의 강요로 똑같은 대답을 하게 되었다면 그건 문제다. 모두가 같은 답을 하게 되면, 다른 선택지는 없어진다. 설사 그 답이 틀렸다고 해도 말이다.

전체주의가 널리 퍼졌던 시대에 실제로 이런 일이 벌어졌다. 전체주의는 개인의 모든 활동이 민족이나 국가 같은 전체를 위해서만 존재한다는 사상이다. 2차 세계 대전이 벌어지기 바로 전에 세계 곳곳에 퍼져서 독일과 일본에 큰 영향을 끼쳤다. 전쟁이 끝나고 나서 세계는 의견을 갖는 것에 대해 이야기할 때 전체주의에 빠지지 않도록 매우 조심해 왔다. 사람들이 모두 같은 대답을 하도록 강요한 전체주의가 얼마나 무서운 결과를 가져왔는지 잘 알기 때문이다.

일단 그런 억압적인 체제가 사회를 지배하면, 아무도 막을 수 없다. 처음에는 두려워서 똑같은 답을 내놓지만, 시간이 흐를수록 아무도 의문을 갖지 않게 되고, 마침내 그런 상황이 당연해지기 때문이다. 대부분 나치 지배 아래에 있던 독일을 떠올리겠지만, 군국주의 지배를 받던 일본도 똑같았다. 군국주의는 국가의 가장 중요한 목적을 군사력에 의한 국위 신장에 두고, 전쟁과 그 준비를 위한 정책과 제도를 국민 생활에서 최

상위에 두는 정치 체제이다. 독일에도 일본에도 지성을 갖춘 훌륭한 사람들이 있었다. 그럼에도 불구하고 전 국민이 전체주의에 사로잡혀 버렸다는 것이 무서운 점이다.

강요 때문이라고 생각하는 사람도 있다. 물론 강요도 있었을 것이다. 하지만 아무런 강요가 없는데도 모두 같은 대답을 하는 상황은 결코 바람직하지 않다. 예를 들어, 모두가 우연히 같은 답을 내놓는다고 치자. 그때뿐이라면 대수롭지 않게 보인다. 하지만 항상 똑같은 답만 내놓는다면 문제가 있다. 그 사회나 조직은 발전할 가능성이 없기 때문이다.

반대 의견이 없으면 발전도 없다. 기존 주장에 맞서는 반대 의견을 '안티테제Antithese'라고 한다. 독일 철학자 헤겔은 서로 다른 의견을 합리적인 토론으로 해결하는 고대 그리스 문답법인 '변증법'을 더 발전시켜 세계의 변화를 설명했다. 변증법은 대립을 근본 원리로 하여 사물의 운동을 설명한다. 인식이나 사물이 정正, 반反, 합合 3단계를 거쳐 이루어진다고 보았다. 기존 상태인 '정'을 부정하며 새로운 상태를 제시하는 것이 '반', 즉 안티테제다. 헤겔은 안티테제인 반대 사안과 문제를 극복하고 '합'으로 나아가야 발전이 있다고 보았다.

민주주의 사회로 말하면, 대다수가 아닌 소수의 목소리에 귀 기울여야 사회가 진정한 의미에서 모두에게 좋아진다는 것이다. 이처럼 저마다 다른 답을 갖는 것은 중요하다.

우리는 한 사람 한 사람이 가진 의견의 힘을 더 생각해 보아야 한다. 비록 한 명의 의견이라고 해도, 아니 단 한 명의 의견이라서 중요한 것이다. 1957년에 나온 미국 영화 〈12명의 성난 사람들12 Angry Men〉은 재판에 참여한 배심원 열두 명 가운데 딱 한 명의 의견이 차츰 모두의 의견을 바꾸고 한 소년의 인생을 구원하는 과정을 그린다.

사실 이 영화 속 이야기는 사회를 크게 변화시켜 온 수많은 사건을 상징한다. 영화에서처럼 한 사람의 의견이 사회를 변화시켜 왔다. 아무도 말을 하지 않으면 아무것도 변하지 않는다. 사람들은 곧잘 "말해도 마찬가지야", "아무것도 변하지 않아" 하고 말한다. 그럴지도 모른다. 하지만 그렇다고 정말 모두 입을 다물면 상황은 영원히 그대로이다. 나만 말해 봤자 소용없을지도 모르지만, 내가 말하지 않으면 바뀌지 않는다는 것도 똑같이 진리임을 우리는 가슴에 깊이 새겨야 한다.

무언가를 바꾸어야 할 때, 남과 똑같은 말을 하는 건 의미가 없다. 마지막에 다수결로 결정할 때라면 몰라도, 논의할 때에는 조금이라도 다른 의견을 내놓아야 한다. 그렇지 않으면 일부러 발언하는 의미가 없다. 똑같으면 똑같다고 고개를 끄덕이기만 하면 된다.

많은 사람이 한 가지 의견에 동의하는 일이 되풀이되면 결국 의견이 모두 같아질 수밖에 없다. 그러니 조금이라도 다른 의견을 내놓는 것이 좋다. 모두가 살아온 인생이 다르고 몸도 다르기 때문에 전부 똑같은 생각을 하지는 않는다. 의견은 '이견', 즉 서로 다른 의견이어야 한다. 만약 모두의 의견이 똑같다면, 저마다 생각을 게을리 한 결과라고밖에 볼 수 없다. 아니면 용기나 열정이 부족하거나 말이다.

〈12명의 성난 사람들〉 이야기로 되돌아가자. 유일하게 처음부터 소년의 무죄를 주장했던 건축가에게는 용기와 열정이 있었다. 그는 대다수의 사람들과는 다른 의견을 말하는 용기와 자신의 의견을 최선을 다해 펼치는 열정을 가졌다. 그 열정이 분노를 낳았다. 열정은 전파되기 때문에 배심원 모두가 열정을 가지게 되었고, 성난 사람들로 변해 갔다.

건축가를 제외한 배심원들은 처음에 재판을 진지하게 여기지 않았다. 야구 경기를 보러 갈 생각에 일찌감치 결론을 내리려는 사람도 있었다. 하지만 배심원들은 차츰 스스로 생각하기 시작했다. 소년에게 정말 무슨 일이 일어났는지, 어떻게 판단해야 하는지 다시 생각했다. 그 결과 배심원들의 의견이 바뀌었고, 만장일치로 합의하게 되었다. 똑같은 의견을 가지게 되었으니 전체주의와 같지 않느냐고 생각하는 사람도 있을 것이다. 과연 그럴까?

〈12명의 성난 사람들〉은 민주주의의 본보기 같은 영화다. 배심원들은 치열하게 논의했고, 그 결과 모두 같은 의견을 지니게 되었다. 전체주의 사회에서는 그렇게 논의할 수가 없다. 이것이 큰 차이점이다. 제대로 논의할 수 있다면 이상한 일은 벌어지지 않는다. 이상한 일이 벌어질 가능성도 철저하게 검토하기 때문이다. 논의란 모든 가능성을 검증하는 과정이기도 하다. 한 사람이 "이럴 경우에는 어떻게 할 건가요?" 하고 반대 의견을 내놓으면, 다른 사람이 "그때는 이렇게 하면 됩니다" 하고 또 다른 의견을 내놓는다. 이렇게 묻고 답하는 사이에 문제점이 드러난다.

이처럼 민주주의는 다수결이 아니라, 합의를 이루어 가는 과정이다. 다수결은 시간이 한정되어 있어 어쩔 수 없이 하는 기술적 조치일 뿐이다. 시간이 좀 더 생기거나 상황이 바뀌면 우리는 논의를 다시 이어 가야 한다. 끊임없이 논의하기 위해서 우리는 끊임없이 자기만의 의견을 가져야 한다.

문제 해결에 나서자

지금은 과제 해결형 학습의 시대

나는 책의 앞부분에서 과제 해결형 학습을 소개했다. 여기서는 자기만의 답을 찾기 위한 수단으로서 과제 해결형 학습에 대해 이야기하겠다.

여러분은 책이나 뉴스에서 '사회 문제의 해결'이라는 표현을 본 적 있는가? 오늘날 사회에는 해결할 문제들이 넘쳐 난다. 저출산 고령화, 환경 오염, 에너지 불평등, 자연재해, 빈부 격차, 대도시 집중, 전염병 유행을 비롯해 온갖 문제가 있다.

골치 아프다고 문제를 그대로 내버려두면, 문제는 더욱 심각해진다. 그러므로 사회 구성원들이 문제를 깨달았다면, 문제 해결에 적극적으로 나서야 한다. 세계 곳곳에서도 문제 해결에 나서기 시작했다. 몇 해 전, 국제 연합^{UN} 총회에서 가입국 대표들이 시급한 과제 17개를 정하고 2030년까지 함께 해결하기로 뜻을 모았다. 이것이 바로 지속 가능 발전 목표^{SDGs: Sustainable Development Goals}이다.

사회 문제를 해결하려면 어떻게 해야 할까? 정부는 물론이고 개인과 기업, 지역 사회까지 모두 하나가 되어 움직여야 한다. 사회 문제는 우리 모두와 연관되어 있기 때문이다. 그러므로 모든 사람이 소극적 자세를 뛰어넘어 적극적으로 지혜를 짜내어 해결해야 한다.

세계적인 흐름에 따라 학교에서도 사회 문제 해결을 주제로 한 수업이 늘어나고 있다. 기존의 종합 학습 시간이 종합 탐구 시간으로 바뀌었다.[*] 종합 학습 시간에 학생들이 지역 문제를 알아보고 해결 방안을 생각해 보았다면, 새로 도입된 종합 탐구 시간에는 문제를 더 정확하게 살펴보고 두루 탐구하면서 스스로 해결하는 능력을 기른다.

이제 학교에서도 학생들이 문제를 해결할 수 있도록 이끌

---

* 한국에서는 2015년에 고등학교 사회과 진로 선택 과목 가운데 하나로 '사회 문제 탐구'가 도입되었다. 2022년 개정된 사회 문제 탐구는 오늘날의 여러 사회 문제를 탐구하고 해결 방법을 찾아보면서 문제 해결 능력을 기르는 과목이다.

것이다. 그렇게 되면 종합 탐구 시간뿐 아니라 다른 수업도 크게 달라질 것이다. 왜냐하면 지금까지는 문제를 해결하기 위한 교육이 아니었기 때문이다. 이전에는 교사들이 학생들에게 수학과 국어, 사회, 과학 같은 과목을 가르치면서, 사회에서 쓸모 있을 법한 내용을 알려 주었다. 실제로 무엇이 쓸모 있을지 알수 없기 때문에 되도록 폭넓은 지식을 전하는 데 그쳤다.

학교에서 배운 지식은 실제로 사회에 나왔을 때 여러모로 도움이 된다. '아, 학교 다닐 때 배운 게 이거구나!' 하고 자주 생각하곤 한다. 그리고 그럴 때마다 '더 제대로 공부해 둘 걸' 하고 반성하게 된다. 어른을 위한 공부 책이 많이 나오는 것도 뒤늦게 후회하는 사람이 많다는 증거다. 이제 문제 해결을 위한 과목이 새로 생겼으니, 다른 과목도 문제 해결 도구로서 다시 자리매김해야 한다.

그러면 종합 탐구 시간을 어떻게 활용하면 좋을까? 내가 소개할 몇 가지 방법이 여러분이 앞으로 문제를 해결하는 데 도움이 되기를 바란다.

문제를 해결하는 다섯 단계

나는 2020년부터 일본 야마구치현 미네시에 있는 한 고등학교에서 종합 탐구 수업을 하고 있다. 이 학교는 정부 지원을 받아서, 일찌감치 새로운 길을 개척하고 있다.

미네시는 일본에서 가장 큰 카르스트 지형인 '아키요시다이'와 그 지하의 아키요시 동굴로 유명한 관광지다. 하지만 시골이라서 고령 인구가 많고 의료와 교육, 산업을 비롯한 여러 부분에서 해결할 문제가 쌓여 있다.

그래서 고등학교 종합 탐구 시간에 2학년 학생 40여 명이 몇 개의 그룹으로 나뉘어 1년 동안 지역의 문제를 알아보고 해결하는 과제를 하게 되었다. 분야는 학생들이 저마다 원하는 진로를 고려해 관심 있는 것으로 선택할 수 있다. 저절로 진로 교육도 함께 이루어지는 셈이다. 다만 수업 시간이 한정되어 있어, 할 수 있는 일도 한계가 있다. 쓸 수 있는 시간이 6월부터 이듬해 1월 마지막 발표까지 8개월간 고작 45분씩 20회 정도다.

그래도 나는 학생들이 문제 해결을 배우고 직접 해 볼 수 있도록 다섯 개의 과정을 밟게 했다. 다섯 개의 과정이란 해결할 문제를 찾고, 가설을 세우고, 조사하고, 제안서를 쓰고, 발표하는 것이다.

사실 내가 소속된 대학교의 학부에서는 일찌감치 과제 해결을 졸업 연구 과제로 삼고 있다. 대학에서는 1년이 아닌 장장 4년의 재학 기간에 걸쳐 과제 해결 프로젝트를 함께한다. 물론 4년도 사회 문제를 해결하기에 충분하지 않다. 게다가 프로젝트에 본격적으로 참여하는 건 3학년 후반기부터 1년 반 동안이다. 학생들은 과제 해결 네 번째 단계에서 쓴 제안서를 초안으로 삼아, 평가와 수정을 여러 번 되풀이한다. 실행하지 않은 제안서 상태에서는 얼마든지 수정할 수 있기 때문이다. 하지만 고등학교에서는 시간이 모자라 충분히 수정할 수 없다.

10대인 여러분이 잘 이해할 수 있도록 과제 해결의 다섯 과정을 구체적으로 소개하겠다.

첫째, 해결할 문제를 찾아야 한다. 여러 가지 문제 가운데 자신이 풀어 볼 것을 찾는다. 무얼 하면 문제가 풀릴지 질문하다 보면 답을 얻을 수 있다. 학생들은 행정 기관의 자료를 토대로 과제를 발견하기도 한다. 이 세상에는 문제가 넘쳐 난다. 또 문제는 아니지만, 더 좋게 바꾸면 사회가 나아지거나 사람들의 생활이 편리해지는 것도 많다. 이러한 문제나 개선점 가운데 자신이 무엇을 할지 정확하게 골라야 한다. 이때 중요한 점은 자신에게 주어진 에너지를 어디에 쏟을지 고민해야 한다는 것이다.

둘째, 문제를 어떻게 해결할 수 있을지 가설을 세운다. 어떤 과정을 거쳐야 문제가 해결될지 미리 내다보고 계획을 세운다. 가설은 맞을 수도, 틀릴 수도 있다. 하지만 방향을 정하지 않으면 앞으로 나아갈 수 없다. 가설을 세우는 건 방향을 정하는 일이다. 이것은 그 뒤의 과정을 좌우하는 중요한 과정이다. 탐정이 범인의 행동을 상상해서 조사할 때, 추리를 잘못하면 괜한 헛걸음을 하게 된다. 가설 세우기에서는 방향을 제대로 잡는 것이 핵심이다.

셋째, 가설이 맞는지 확인하기 위해 조사한다. 설문 조사 같은 양적 조사도 좋지만, 현장 인터뷰 같은 질적 조사도 좋다. 둘 다 하는 게 가장 좋지만, 시간이 제한되어 있어 미네시의 고등학교에서는 현장을 알아볼 겸 현장 조사를 택했다. 이 때 행정 기관이 큰 도움을 주었다. 현장에 나가서 실제로 이야기를 들어 본 결과 학생들의 가설이 틀렸다고 밝혀지는 경우가 수두룩했다. 자신의 생각이 뒤집히는 경험은 학생들에게 좋은 시련이 된다. 이처럼 조사는 현실 사회를 알게 되는 중요한 과정이다. 조사를 하면 생각이 머릿속 상상에 그치지 않고, 현실에 맞추어 흘러가게 된다. 주관적인 편견에 빠지지 않기 위해 꼭 필요한 과정이다.

넷째, 조사한 결과를 바탕으로 제안서를 쓴다. 이때 유연한 발상과 작명 센스를 적극 활용한다. 고등학교에서 과제 해결 수업을 시작한 첫 해, 학생들은 미네시의 첫 글자 M을 따서 SNS가 아닌 SMS라고 이름 짓거나 미네시를 널리 알리기 위한 홍보 전략을 '미네매직'이라 부르며 반짝이는 아이디어를 뽐냈다. 제안서 쓰기는 생각을 현실에서 펼쳐내는 중요한 과정이다. 조사를 하고 이치를 밝혀도, 해결책을 내놓지 못하면 아무 의미가 없다. 사회 문제의 해결이란 해결책을 제시하는 것이기 때문이다.

마지막으로 다섯째, 제안서를 발표한다. 미네시 고등학생들의 과제 해결 발표회는 교사들뿐 아니라 도움을 준 행정 기관 관계자들, 취재 기자까지 참여해 꽤 긴장된 상황에서 열렸다. 학생들이 여러 사람 앞에서 발표를 해 보는 것이 앞으로 사회 문제를 해결하는 데 꼭 필요하다고 생각해서 이런 자리를 마련했다. 사회 문제를 해결하려고 나서는 사람들은 많다. 이 많은 사람들과 관계를 맺으면서 모두가 납득하는 답을 끌어내려면 어떤 상황에서도 자신 있게 발표하고, 질문에 답할 수 있어야 한다.

요즘은 제안 내용만큼 발표 형식 또한 중요한 시대다. 학교에서든 사회에서든 마찬가지다. 내용이 아무리 좋아도 발표 형식이 좋지 않아서 남에게 뒤지는 일도 있다. 그러므로 사람들에게 공감을 불러일으킬 만한 형식으로 발표하는 것이 중요하다.

　고등학교에서 모든 활동이 끝나고 학생들에게 설문 조사를
했다. 학생들은 대부분 이런 활동이 익숙하지 않아서 겨우 끝
마쳤다는 겸손한 소감을 밝혔다. 학생들이 사회 문제를 더 적
극적으로 해결해 나갈 수 있도록 앞으로 과제 해결 수업이 더
많아지면 좋겠다.

5장

철학의 쓸모

아이란 무엇일까?

지금까지 철학이 무엇이고 얼마나 중요한지, 어떻게 활용할 수 있는지 살펴보았다. 앞서 소개한 것들을 여러분 삶에서 잘 적용해, 성년이 되었을 때 자기 의견을 가질 수 있기를 바란다. 다시 말하면, 진정한 어른이 되기를 바란다.

모순으로 느껴지겠지만, 성년이 되기 전까지는 여러분이 아이답게 지냈으면 좋겠다. 이 말은 자유롭게 살았으면 좋겠다는 뜻이다. '아이답다'는 표현이 있다. 아이답다는 말은 자유롭다는 뜻이라고 생각한다. 흔히 아이들을 천진난만하다고 한다. 말이나 행동에 아무런 꾸밈이 없이 그대로 나타날 만큼 순진하고 천진하다는 뜻이다. 이런 말에서도 알 수 있듯, 아이는 자유로움이 가장 큰 특징이다.

아이에게는 아무런 제한이 없다. 아무것도 신경 쓰지 않고, 눈치 보지 않고, 본능에 따라 생각하고 행동한다. 이상하게 생겼다고 느껴지면 솔직하게 '이상하게 생겼다'고 말한다. 예의에 상관없이 행동한다. 아이는 흥미로운 것을 보면 호기심을 가지고 뛰어든다. 이것도 자유다. 한마디로 아이는 그런 존재여야 한다는 말이다.

어른이 되면 브레이크에 걸린다. 상식이니 체면이니 우선순위니 하는 온갖 브레이크에 걸려서 자유롭게 행동하지 못한다. 그리고 마침내 시시한 어른이 된다. 시시한 어른이란 자유를 잃어버린 어른이다. 그렇게 되지 않으려면 어린 시절에 자유를 간직해야 한다.

어른이 되면 무조건 자유를 잃게 되는 건 아니다. 물론 다른 사람과 사회에 책임 의식을 가져야겠지만, 자유도 그대로 가질 수 있다. 재미난 어른을 떠올려 보면 알 수 있다. 재미난 어른은 시시한 어른의 반대다.

여러분도 재미난 어른을 만난 적 있을 것이다. 나도 어린 시절에 그런 어른을 몇 명 만났다. 교사인데도 교사 같지 않고, 나이가 들었는데도 10대처럼 느껴지는 사람. 바로 그런 어른이다. 그런 어른은 분명 마음속 어딘가에 자유를 간직하고 있다. 그 덕분에 남을 배려하고 사회 규칙을 지키면서도 자유롭게 생각하며 때에 따라 유연하게 행동한다. 그런 어른은 특히 장난기가 많다.

어른이 되고 나서 자유를 되찾기란 무척 힘든 일이다. 그러므로 여러분이 곧 빼앗기게 될 자유를 조금이라도 가슴속에 남겨 두려면 지금, 아이일 때 되도록 자유롭게 살아야 한다. 자유로운 삶이 철학과 어긋나거나 철학을 하는 것을 방해하는 건 아니다. 오히려 자유는 철학을 더 잘되게 하는 엔진 오일과 같다. 자유를 통해 철학은 더 큰 힘을 발휘한다. 앞서 이미 이야기했듯 자유로운 마음으로 주위의 아름다운 것, 이상한 것에 관심을 가지지 않으면 철학은 시작되지 않기 때문이다.

아이는 부모의 소유물이 아니다

자유로운 아이를 두고 '버릇이 없네', '사회성이 없네' 하면서 나쁘게 말하는 사람도 있다. 아이들은 과거부터 지금까지 이런 부당한 대접을 받아 왔다.

애초에 일본어로 아이를 뜻하는 '코도모子供'라는 글자 자체가 아이를 신령이나 부처 앞에 바치는 물건을 뜻하는 공물供物

로 본 것이다. 그래서 요즘에는 '공兒'이라는 한자를 빼고 '코도모子ども'라고도 흔히 쓴다. 그런데 이 말 또한 마음에 들지 않는다. 코도모의 '도모ども'는 복수를 뜻하는 말이다. 아이를 '코도모子ども'라고 부르면 한 인간으로 보지 않는 느낌이 든다. 실제로 과거에는 아이가 부모의 소유물로 여겨졌다. 그래서 아이를 노동력을 제공하는 일꾼으로 보거나, 아주 어린아이는 밥만 축내는 성가신 존재로 여기는 일이 많았다.

많은 사람이 아이를 '작은 어른'으로, 반사람 몫을 하는 노동자로 취급했다. 하지만 이것이 아이의 몸과 마음이 자라는 데 나쁜 영향을 끼친다는 사실을 깨달은 유럽 계몽사상가들이 나서서 조금씩 생각을 바꾸어 나갔다. 한 예로 18세기 프랑스 철학자 루소는 《에밀》이란 책에서 아이의 발달 단계에 따른 교육 방식을 이야기했다.

계몽사상가들은 매우 중요한 생각의 전환을 가져왔지만 아이를 교육의 대상으로 보는 사고방식은 양날의 검처럼 작용했다. 아이를 존중하는 동시에 보호해야 할 연약한 존재로 보았기 때문이다. 그렇게 되면 아이는 일꾼에서 벗어나지만 '보호'라는 부모의 손길에 더욱 옥죄이게 된다.

오늘날에도 아이를 소유물처럼 생각하는 부모가 많다. 이런 부모는 자기가 원하는 모습에 맞추어 자녀를 기르려고 한다. 물론 부모는 자녀가 잘되기를 바라는 마음에서 하는 행동이겠지만, 그런 행동이 자녀에게 독이 된다는 사실을 좀처럼 깨닫지 못한다. 자녀가 반항하거나 몸과 마음이 아프다고 한 뒤에야 겨우 알아차리고 후회한다. 그러니까 부모는 되도록 빨리 이런 사실을 깨닫고 아이에게서 손을 떼야 한다. 그러면 자연스럽게 아이도 부모 그늘에서 나와, 독립된 한 사람으로서 부모와 관계를 맺을 수 있다.

마치 부모에게 하는 이야기 같겠지만, 결코 그렇지만은 않다. 왜냐하면 여러분도 어른이 되면, 곧 부모가 될 수 있기 때문이다. 부모가 되고 나서 이런 사실을 알면 너무 늦다. 부모와 자녀의 이상적인 관계를 알고 있는 상태에서 부모가 되는 것이 가장 좋다. 어른이 된다는 것은 부모가 될 수 있다는 사실도 포함한다. 그러므로 어른이 되기 전에 아이는 무엇인지, 부모는 무엇인지, 이 둘의 이상적인 관계는 어떤 것인지 미리 생각해 두어야 한다. 아이를 소유물로 여겨서 올바른 관계 맺기에 실패하지 않으려면 말이다.

아이와의 관계에서 중요한 건 균형이다. 아이를 보호하면서도 독립된 한 사람으로 인정해 주어야 한다. 어디까지 보호하고 어디까지 인정해야 하느냐고 묻는 사람이 많은데, 그건 그렇게 어렵지 않다. '애라서 아직 모른다'거나 '어린 주제에'

라는 편견만 지우면 된다. 그리고 늘 어른과 같은 사람으로 존중하되, 아이라서 못하는 것은 옆에서 도와주면 된다. 아이가 못하는 것이 있으면, 그건 아이나 어른이나 똑같다고 생각하면 된다. 이런 생각만으로도 아이를 대하는 태도가 크게 달라진다.

청춘은 왜 뜨거울까?

삶의 모든 시기에는 특징과 의미가 있다. 청춘은 한마디로 가장 뜨거운 때라고 해도 지나치지 않다. 가장 뜨겁게 마음이 자라나는 때라고 볼 수 있다. 마음이 자라는 건 어느 때에나 중요하다. 하지만 청춘 시절을 지날 때에는 그 열기가 마치 열기구 속의 불이 열기구를 날아오르게 하듯, 우리 마음을 한껏 부풀려 하늘 높이 날아오르게 한다. 이때 얼마나 높이 날아오르느냐가 그 뒤의 삶을 좌우한다.

더 높이 날수록 더 넓은 시야로 세상을 볼 수 있고, 높은 뜻을 가질 수도 있다. 이처럼 우리의 마음을 더 높이 날아오를 수 있게 하는 것은 열정이다. 열정은 눈에 보이는 불꽃을 피우지는 않지만, 마음을 불태울 수 있다. 실제로 일본에서는 무언가를 열심히 할 때 '마음을 불태웠다'라는 표현을 쓰기도 한다.

마음을 불태운다는 건 무슨 뜻일까? 아마 여러분도 죽을힘을 다해 어떤 일을 할 때 마음이 불타는 듯한 느낌을 받을 것이다. 사춘기는 아이에서 어른이 되는 전환점에 있다. 나이로 보면 10대 중후반인데, 몸에서도 큰 변화가 일어난다. 몸의 변화가 마음에 영향을 미치는 것이 분명하다.

많은 사람이 '청춘'을 활기찬 이미지로 떠올린다. 청춘 시절에 남아도는 체력과 마음의 성장이 만나 종종 터무니없는 행동으로 이어지기도 한다. 어른들 가운데 청춘 시기에 대담한 일을 저지르거나, 이제는 되돌아보며 웃을 수 있는 큰 사고를 친 사람이 많을 것이다. 청춘 시기에 실수를 저지르는 건 결코 나쁜 일이 아니다. 앞서 말했듯 마음을 부풀리기 위해 반드시 필요한 일이다. 다행히 청춘은 면죄부가 되기도 한다. '아직 청춘이구나' 하며 대부분의 사람들은 젊은이의 실수를 너그럽게 이해해 준다. 눈살이 찌푸려질 만큼 심한 행동은 그럴 수 없지만.

그러고 보니 한자어 '청춘靑春'의 '춘'은 봄을 뜻한다. 중국의 음양오행 사상에서는 봄을 푸른색으로 보기 때문에 젊음의 때가 푸른 봄과 같다는 뜻에서 청춘^{靑春}이라고 부르게 되었다. 그리고 신기하게도 영어로 봄은 스프링^{Spring}이다. 스프링은 '튀다', '뛰어오르다'라는 뜻을 지녔다. 그러니까 청춘의 때에는 뛰어오르면 되는 것이다.

어떻게 보면, 우리는 청춘 시절의 실수를 사회 전체가 감당해야 할 사회 비용처럼 생각하는 것 같다. 건강한 사회를 만들기 위해서는 젊은이가 건강하게 자라야 하며, 그러려면 청춘 시절에 대담한 행동을 해 보아야 한다는 사실을 모두 알고 있기 때문이다.

반대로 젊은이들이 모두 얌전히 잠자코 있다면 어떨까? 그런 사회는 활력이 없을 것이다. 그러니까 젊은이들이 야단법석을 부렸으면 좋겠다. 어디까지 그래도 되느냐고 묻는다면, 그 질문 자체가 청춘의 본뜻에 어긋난다고 답하겠다. 한계도 본보기도 없는 것이 청춘의 좋은 점이다. 일단 마음 가는 대로 해 보라.

사회에 온몸으로 부딪쳐라

방금 한 이야기 속에서 청춘은 연애를 하거나 약간의 일탈을 벌이는 모습으로 떠올려질 것이다. 여기서 청춘의 또 다른 모습을 소개하겠다.

청춘의 또 다른 모습은 사회에 몸으로 부딪치는 모습이다. 지금은 상상하기 어려운 일이지만, 여러분의 부모님이 청춘이던 시절, 아니 그보다 더 앞선 여러분의 조부모님이 청춘이었을 1960년대 무렵에는 일본에서도 학생 운동이 활발했다. 학생들은 사회 여러 문제에 관심을 가지고 권력을 비판하거나 집회를 열고 시위를 벌였다.

학생들의 사회 참여는 일본뿐 아니라 세계 곳곳에서 이루어졌다. 대학생들이 조직을 이루어, 대학 당국에 맞서 자신들의 의견이 받아들여지도록 움직이는 힘을 일컫는 '스튜던트 파워student power'라는 말도 생겼다. 이처럼 학생들이 함께 나서서 실제로 정치를 움직이고 사회를 바꾸는 계기를 마련하기도 했다.

일본에서는 점차 학생 운동이 너무 뜨거워지고 과격해지면서, 눈살을 찌푸리는 사람들이 많아졌다. 그 기세가 꺾이면서 이제는 시위하는 학생도 눈에 띄게 줄었다. 그래도 사회가 전쟁으로 치닫거나 나쁜 방향으로 가려고 할 때마다 학생들이 목소리를 낸다. 전처럼 큰 울림이 일지는 않지만, 때로는 사회에 영향을 끼치는 움직임으로 이어지기도 한다.

중고등학생도 학생회를 통해 목소리를 낼 수 있다. 학교에 문제가 있다거나 더 나은 학교 생활을 하고 싶을 때, 다른 학생들과 의견을 모으고 교사들과 이야기하면서 새로운 규칙을 정할 수 있다.

이런 일은 학생회에 소속된 사람들이 하는 거라고 여길 수도 있다. 하지만 사실 모든 학생이 학생회에 속해 있기 때문에 학교 규칙을 바꾸고 학교가 제대로 운영되도록 하는 일은 모든 학생의 일이다. 학생회장과 임원은 모든 학생을 대신해 움직일 뿐이고, 실제로 학교 규칙을 바꾸는 건 여러분 자신이다.

나는 학교나 일상 속 문제에 뜨겁게 반응하는 것도 청춘의 한 페이지라고 생각한다. 그리고 때로는 학생들이 학교 울타리를 벗어나, 사회 문제에도 관심을 가지고 참여해 보았으면 좋겠다. 환경 문제나 빈곤 문제에 시선을 돌려 보는 것도 좋다. 나라 안팎에 풀어야 할 문제는 넘쳐 난다.

이런 문제들에 뛰어들어 해결하려고 노력하면서, 사회를 온몸으로 경험하길 바란다. 이런 시기를 겪는 것은 그 뒤에 어른으로서 삶을 잘 살아가기 위해 아주 중요하다. 나도 그런 시절이 있었다. 종종 되돌아보면 왜 그렇게 열을 냈을까 하고 부끄럽기도 하다. 교사에게 학교 규칙을 가지고 물고 늘어지기도 하고, 사회 문제를 두고 어른과 뜨거운 논쟁을 벌이기도 했다.

그런데 이런 경험이 없으면 어른이 되어 사회를 바꿔야 할 때 목소리를 내지 못한다. 어른도 뜨거워져야만 할 때가 있다. 하지만 열정이 식어 버려서 무거운 몸을 일으켜 세우기가 힘들다. 일도 있고 가족도 있으니까. 무엇보다 세상일을 너무 잘 알아서 사회를 바꾸는 일이 간단하지 않다고 생각하게 된다. 나쁘게 말하면 이래저래 계산하게 된다. 하지만 모든 사람이 그러면 세상은 바뀌지 않는다. 세상에 변화가 필요할 때, 과거 뜨거운 열정으로 세상에 뛰어들었던 사람의 마음은 다시 불붙는다. 나도 세상이 정말 이상하게 돌아가는 것 같다고 느낄 때에는 청춘 시절의 열정이 되살아난다. 풋풋했던 청춘 시절로 돌아가는 것이다.

사람은 나이와 상관없이 풋풋하고, 조금은 무모해져야 할 때가 있다. 언제라도 그럴 수 있으려면, 청춘일 때 사회에 부딪쳐 보아야 한다. 사회의 벽이 얼마나 두꺼운지 알아 두기 위해서라도 꼭 그래야만 한다.

다 똑같은 목표를
가져야 할까?

꿈이 여러 개여도 괜찮다

뜨거운 청춘 시절을 지나면 우리는 어디로 갈까? 높이 날 아오른 뒤 더 위로 올라간다든지, 땅으로 내려온다든지 하는 뚜렷한 목적지가 삶에는 정해져 있지 않다. 중고등학생이나 대학생은 사회인이 되는 것을 삶의 목표처럼 여기기 쉽지만, 사회인이 되는 것은 결코 진정한 목표가 될 수 없다.

사회인은 뜻 자체가 애매하다. 사회를 짊어진 사람이라는 뜻이라면 어린아이도 포함된다. 모두가 사회의 구성원이니까. 이 책에서 이야기해 온 성인을 뜻하는 거라면, 대학생도 포함 된다. 그런데 대학생을 사회인으로 보기는 어려우므로 이 또한 아니다. 월급 받고 세금 내는 사람을 뜻한다면, 전업주부나 잠깐 일을 쉬고 있는 사람은 어떻게 될까? 이런 점들을 모두 생각했을 때, 사회인은 학교를 졸업한 어른을 일컫는 말이라고 볼 수 있다.

그렇다면 사회인이 삶의 목표가 될 수는 없지 않을까? 게다가 요즘에는 학교를 졸업한 사람이 사회에서 일하다가 다시 학교로 돌아와 공부를 이어 가는 일이 늘고 있다. 그래서 학교를 졸업하면 사회인이라는 정의도 맞지 않는다.

옛날에는 삶의 목표가 명확했다. 사회인은커녕 회사원이 되는 것이 목표였다. 학교를 졸업한 뒤 회사에 들어가서 힘써 일하다가 삶을 마치는 것이 이상적인 삶의 방식이었다. 요즘 사람들은 그런 삶을 시시하게 여기고, 그렇게 살려고도 하지 않는다.

아무튼 예전에는 사람들이 꿈꾸는 삶의 목표를 알기 쉬웠던 게 사실이다. 학교에 다니는 동안 열심히 공부하고 원하는 일을 다 한 다음, 회사에 들어가면 그 뒤의 삶은 회사에서 일하는 데 전부 바치는 것이었다. 이것이 과거 사람들의 삶이었다.

남성과 여성 모두 회사원을 목표로 하지만 목표를 이룬 다음의 상황은 전혀 다르게 펼쳐졌다. 여성은 회사에 들어가도 결혼을 하게 되면 일을 그만두고 전업주부가 되는 것이 사회적으로 당연하게 여겨졌다. 여성은 집에서 살림을 도맡으며 회사에서 일하는 남편을 뒷바라지했다. 결국 부부가 이인삼각의 짝이 되어 회사원의 삶을 산 셈이다. 그러던 것이 이제는 많이 바뀌었다. 아직 완전히 바뀌었다고 말하기는 어렵지만, 모두가 사회인 또는 회사원이 되기 위해 노력하던 시대는 지났다.

그렇다면 지금은 어떤 목표를 가지고 살아야 할까? 사람마다, 순간마다 목표는 달라질 거라고 생각한다. 이것이 오늘날 우리 사회의 목표다. 뭘 해도 좋고, 여러 번 바뀌어도 상관없다. 다양한 목표를 동시에 가지고 살아도 된다. 이처럼 달라진 삶의 목표가 일자리와 고용 형태의 다양화, 아르바이트와 투잡 열풍, 평생 교육 활성화 등의 모습으로 나타나고 있다. 한마디로, 사람들이 살아가는 방식이 다양해지고 있다.

이런 시대에 고정된 하나의 목표를 생각하는 것 자체가 이상한 일일지도 모른다. 삶은 본디 복잡하다. 그런데도 억지로 똑같이 살라고 권하며, 심지어 강요했던 것이 합리주의가 지배하는 근대 사회였다. 일본은 이제야 겨우 근대의 문을 닫으려는 참이다.

근대까지의 사회를 합리주의가 지배해 왔다는 말은, 능력주의가 지배해 왔다는 뜻이기도 하다. 능력주의는 말 그대로 능력만을 기준으로 평가하려는 태도다. 우리는 능력을 키워서 좋은 학교에 가고, 좋은 회사에 들어가서 열심히 일하는 삶을 추구해 왔다.

당연히 옳은 것처럼 보이는 능력주의에 두 가지 문제점이 있다. 첫째, 본디 능력주의는 학력과 관계가 없다는 점이다. 일찍이 능력 많은 사람을 가려내기 위해 학교에서부터 능력주의가 도입되었다. 그러자 능력이 곧 학력을 뜻하게 되었고, 학력이 중시되었다.

둘째, 한 사람의 노력이나 재능으로 학력과 사회에서 일하는 능력을 얻을 수 없다는 점이다. 이 점에 대해 날카로운 지적을 한 사람이 바로 미국 하버드대학교 교수인 마이클 샌델(1953~)이다. 샌델은 《공정하다는 착각》이라는 책에서 이 문제를 정면으로 다룬다.

샌델은 능력주의가 트럼프를 대통령에 당선되게 만든 포퓰리즘populism* 열풍이나 코로나19 사태 이후 벌어진 사회 분열

---

* 본래의 목적을 외면하고 대중의 인기만 좇으며 목적을 이루려고 하는 정치 행태.

의 원인이라고 말한다. 능력주의 때문에 문제가 생기는 건 미국뿐만이 아니라 다른 선진국도 마찬가지다.

엘리트는 좋은 환경에서 태어났기 때문에 좋은 교육을 받고, 좋은 회사에 취직할 수 있었다. 그뿐이다. 그런데도 사회가 돌아가는 데 꼭 필요한 육체노동을 하는 사람들은 마치 노력이 부족해서 힘든 일을 하는 것처럼 부당한 대우를 받는다. 이것이 과거부터 오늘날에 이르기까지 우리가 안고 있는 문제다. 이는 사회 문제인 동시에 한 사람 한 사람이 살아가는 방식과 관련된 개인의 문제이기도 하다.

뜻밖에 닥친 코로나19 사태를 계기로 마침내 사회의 모순이 뚜렷하게 드러났다. 사람들의 일상이 돌아가도록 생명과 안전, 사회 기능을 책임지는 필수 노동의 중요성은 지금까지 무시되어 왔다. 우리는 집에 머물면서 코로나19 바이러스를 피할 수 있었지만, 식당에서 음식을 만드는 사람들이나 택배 배송을 하는 사람들 없이 살아갈 수 없다는 사실을 깨달았다. 이런 필수 노동자들은 무슨 일이 있어도 쉴 수 없는, 사람들의 생명을 지키는 일을 해 오고 있었다.

앞으로 능력주의를 좇아 열심히 노력해도 반드시 성공한다는 보장은 없다. 능력주의가 계속될수록 사회는 점점 더 일그러져 갈 것이기 때문이다. 이제는 승패를 가리지 말고 서로 돕는 자세로 사회에 나갈 준비를 해야 한다.

공부로 1등을 하더라도 명문대에 들어가는 것이 아니라 하고 싶은 것, 사회에 필요한 것을 배우는 삶을 살아야 한다. 그러면 자기만 행복해지는 것이 아니라 서로 도와줌으로써 자기를 포함한 모두가 행복해지는 사회를 만들어 갈 수 있다.

은둔형 외톨이는 왜 생겨날까?

사회가 잘못이다

능력주의와 그 배경에 깔린 합리주의는 오늘날 큰 사회 문제로 꼽히는 은둔형 외톨이를 낳았다. 여러분 주위에도 집에만 틀어박혀 지내는 사람이 있지 않은가? 아니, 여러분이 내일 그렇게 될지도 모른다. 이제는 굳이 감출 일이 아니라 솔직히 털어놓겠다. 나도 한때는 은둔형 외톨이였다.

이 문제가 사회에서 처음 주목받기 시작한 것은 1990년대였다. 그 무렵 '은둔형 외톨이'라는 말이 생겨났고, 집에 틀어박힌 채 학교에도 일터에도 가지 않고 가족 아닌 사람과는 소통하지 않는 사람들이 사회 문제로 떠올랐다. 그때 20대였던 사람들이 50대가 된 지금도 여전히 80대 부모에게 보살핌을 받고 있다. 이를 '8050문제'라고 하는데, 정말 심각하다. 나도 이 문제의 당사자가 될 뻔했다.

1990년대는 합리주의가 끝날 무렵이다. 1990년대가 오기 얼마 전에 이미 철학계에서는 근대에 이어 포스트모던 시대가 왔음을 알렸다. 하지만 사상이 현실 세계에 퍼지려면 시간이 좀 걸린다. 일본에서는 1990년대에 들어서서 다양한 문제가 쏟아져 나왔다. 그 혼란이 지금까지 이어지고 있다.

은둔형 외톨이는 갈 데까지 간 합리주의에 비명을 지르기 시작한 사람이라고 볼 수 있다. 근대를 움직이는 원리인 합리주의는 경쟁과 획일성을 강요했고, 그 가운데 결국 견디지 못한 사람들이 은둔형 외톨이가 되었다. 그들은 패배자 취급을 당했다. 정신질환 때문에 은둔 생활을 하게 된 사람도 있었지만, 외톨이로 지내는 대부분의 사람들이 자신에게 잘못이 있다고 여겼다. 남들이 대놓고 그렇게 말하지 않아도, 외톨이 자신은 분명 부정적인 낙인이 찍혔다고 느꼈다. 나도 경험자라서 잘 안다.

하지만 지금 생각해 보면, 은둔형 외톨이가 아니라 지나치게 합리주의를 좇는 사회가 잘못이다. 그런 사회에서는 오히려 집에 틀어박혀 지내는 사람이 인간답고 정상이지 않을까?

내가 은둔형 외톨이였기 때문에 이런 말을 하는 건 아니다. 논리적으로 따져 보면 그렇다는 얘기다.

잘못된 사회 구조 때문에 몇몇 사람이 사회에서 떨어져 나간다면, 그건 구조 탓이다. 예를 들어, 공리주의는 소수를 희생해서라도 '최대 다수의 최대 행복'을 추구한다. 이런 사상이 반드시 옳은 것은 아니다. 특히 소수자의 수가 무시할 수 없을 정도로 늘어나고, 그 존재가 사회 문제가 된다면 구조가 잘못되었음을 인정할 수밖에 없다.

실제로 2018년 일본의 국가 조사에 따르면, 은둔형 외톨이는 15세부터 39세까지의 청년층에서 약 51만 명, 40세부터 64세의 중장년층에서 64만 명으로 총 115만 명이 넘는다고 한다.[*] 드러나지 않은 은둔형 외톨이까지 포함하면 더 많아질 것이다.

그렇다면 사회 구조가 어떻게 바뀌면 좋을까? 지금까지와 반대로 지나친 경쟁을 멈추고 다양성을 인정하는 구조로 바뀌어야 한다. 학생의 자율성과 인성을 중요하게 여기는 교육 방식이 더 좋다던가 하는 말을 하려는 게 아니다. 오히려 경쟁

---

[*] 한국의 2022년 조사에 따르면 19세부터 34세까지 청년의 2.4퍼센트인 24만 4,000명이 은둔형 외톨이라고 한다. 이보다 나이가 많은 이들에 대한 조사는 이루어지지 않아 확인할 수 없다. 청년층 은둔형 외톨이의 수는 일본에 비해 인구 대비 결코 적지 않다.

을 어느 정도 인정하면서 경쟁에서 내려오는 자유로움, 다시 일어서는 방법 같은 다양한 선택지를 포함한 구조를 만들어야 한다는 얘기다. 여기에 은둔형 외톨이가 되는 길이 있어도 좋다.

경쟁하고 싶을 때는 경쟁할 수 있어야 한다. 하지만 경쟁하지 않을 자유도 똑같이 존중하고, 그것 때문에 불이익을 받지 않게 해야 한다. 경쟁에서 내려왔던 사람도 다시 경쟁하고 싶어지면 돌아가면 된다. 지금은 한번 경쟁을 멈추면 영원한 패배자로 낙인이 찍힌다.

불이익을 받지 않고 돌아갈 수 있다면 은둔형 외톨이도 새롭게 선택의 기로에 설 수 있다. 누구나 사람들에게서 떨어져 혼자가 되고 싶어지는 때가 있다. 은둔형 외톨이는 그 시간이 좀 길어지는 것뿐이다. 우리가 잠시 쉬면서 몸과 마음을 다잡으면 다시 힘을 내어 일어설 수 있듯이, 은둔형 외톨이도 사회 구조가 잘 마련되어 있으면 사회에 돌아가 스스로 설 수 있다.

내가 바로 그랬다. 지금 활발하게 활동할 수 있는 건 20대 시절에 몇 년 동안 집에 틀어박혀 지낸 덕분이다. 은둔형 외톨이를 사회 문제로도 보지 말고, 완전 잘못되었다고 부정하지도 말고, 개인과 사회가 서로 이득을 얻는 관계로 만들려면 사회 제도와 구조를 과감하게 바꾸어야 한다.

사회 제도를 확 바꾸기 위해서는 어떤 관점으로 문제를 바라보아야 할까? 여러분도 사회 구성원으로서, 머지않아 어른이 되어 자녀를 둘 몸으로서 상상하고 생각해 보면 좋겠다.

은둔형 외톨이나 등교 거부자를 문제로 보는 건 '보통'이 아니라고 여기기 때문이다. 보통은 아이가 학교에 간다. 보통은 가족이나 친구와 소통을 한다. 모두 그렇게 생각한다. 하지만 보통을 강요하는 것이 우리를 고통스럽게 하고 있다는 사실을 생각해 보아야 한다. 보통이란 말은 너무나도 무해한, 아니 유익한 것 같은 느낌을 준다. 하지만 정말 그럴까? 보통이란 모두와 같다는 뜻이다. 좋고 싫고의 가치관은 포함되지 않는다.

그런데 이게 법이 되면, 보통이 좋기 때문에 다 그렇게 해야 한다는 식으로 되어 버린다. 예를 들어, 모두 7교시까지 수업을 들으면 7교시 수업이 보통이 되고, 내가 아무리 힘들어도 견뎌야만 한다. 겨울에 반팔과 반바지를 입고 체육을 하는데, 모두가 참고 있으면 내가 아무리 추워도 견뎌야 한다. 이것이 보통이다. 물론 사정에 따라 예외는 있다. 하지만 사정에 따른 예외는 보통이 아닌 것으로 취급된다.

학교란 곳은 보통으로 넘쳐 난다. 수많은 사람이 서로 맞추고 있다는 뜻이다. 그래서 모두와 기준이 다른 사람은 고통을 받는다. 그 기준을 따르지 못하는 아이에게는 특별하다는 낙인이 찍혀 버린다. 학교에는 이런 특별함을 또렷하게 나타내는 제도가 몇 가지 있다. 보통의 기준을 따르지 못하는 아이는 그 제도의 대상이 된다. 특별하다고 표현하지만, 결코 본받을 대상은 아니다. 그래서 모두가 특별해지지 않으려고 참고 견딘다. 하지만 참는 데도 한계가 있다. 그러다가 한계를 벗어나면 은둔형 외톨이나 등교 거부자가 된다.

이런 사실을 안다면 이제 보통을 그만 강요해야 한다. 그리고 보통의 반대라고 하는 '특별함'을 없애야 한다. 표현은 조금 다르지만 모두가 특별해지면 된다. 실제로 그렇게 존중하자고 하면 모두가 따로 놀아서 교사가 몇 명이 있어도 부족해진다.

그러나 기술을 활용하면 꽤 수월해진다. 교사는 학생 30명에게 똑같은 내용을 동시에 가르칠 필요가 없다. 학생은 제 수준에 맞게 온라인 수업을 받고, 교사는 그 진도를 관리하고 조언하면 된다. 교사는 이러한 관리자 역할에 집중하면 되는 것이다. 여럿이 함께하는 활동도 중요하지만 그렇다고 반 전체, 전 학년이 동시에 같은 것을 해야 교육 효과가 높은 것은 아니다. 집단 활동이 필요하면 작은 그룹으로 나누어 하면 된다.

그러면 좀 더 유연하게 교육할 수 있다.

중요한 건 한 명 한 명의 속도를 중시하는 것이다. 보통이 미덕인 나라에서 누구나 특별한 것이 미덕으로 여겨지는 나라가 될 때 비로소 아이들을 둘러싼 사회 문제를 해결할 수 있다.

살아가는 데 철학이 도움이 될까?

계속 구르면서 배운다

앞에서 여러분에게 사회인을 목표로 삼아 살지 말고, 좋아하는 것을 좇으라고 이야기했다. 그리고 한때는 은둔형 외톨이가 되어 보는 것도 좋지 않겠느냐는 대담한 제안도 했다.

'구르는 돌에는 이끼가 끼지 않는다 A rolling stone gathers no moss'는 영어 속담을 들어 본 적이 있을 것이다. 사람들은 흔히 한 곳에 머물지 않고 데굴데굴 구르며 여기저기 옮겨 다니면 어떤 일도 해낼 수 없다는 비판적인 의미로 이 속담을 사용하곤 한다. 하지만 이 속담에는 또 다른 의미가 있다. 영국의 유명 록밴드 '롤링 스톤스 The Rolling Stones'의 이름에서 알 수 있듯이

쉼 없이 구르는 돌에는 이끼 따위가 끼지 않는다는 긍정적인 메시지가 바로 그것이다.

나는 '구르는 돌에는 이끼가 끼지 않는다'는 말을 들었을 때 그러면 좀 어때 하고 생각했다. 그리고 사회의 가치관이 크게 달라진 지금, 주위 사람들이 좋은 뜻으로 내 인생을 가리켜 '구르는 돌에는 이끼가 끼지 않는다'고 말하는 일이 많아졌다.

앞에서처럼 비판적으로 이 속담을 보면, 쉬지 않고 구르는 건 재미있지만 이끼가 끼지 않아 아무것도 이루지 못하는 게 아닐까 하고 생각할지도 모른다. 하지만 구르다 보면 흔적이 남는다. 바로 돌이 굴러간 흔적이다. 한 사람이 흔적을 남겼다는 것은 무언가를 이뤄 낸 증거이기도 하다. 실제로 다양한 경험을 한 사람은 특정 분야의 전문가는 아닐지 모르지만 무슨 일에든 대처할 수 있는 강인함을 지닌다.

요즘 시대는 어떠한 일에도 대처할 수 있는 사람을 원한다. 한 가지 전문 분야만 알아도 문제를 해결할 수 있는 단순한 세상이 아니기 때문이다. 4장에서 쓴 것처럼 문제 해결을 중요하게 여기는 오늘날에는 회사 업무에도 복잡한 것이 얽혀 있어, 종합적인 관점으로 다가가지 않으면 해결할 수 없다. 물론 그때마다 다양한 전문가의 도움을 받을 수도 있다. 하지만 누구나 전문가만 꿈꾼다면 지금까지 우리 사회에 쌓인 문제와 앞으로 새롭게 생겨날 문제에 대응할 수 없다.

한 분야에 뛰어난 전문가도 멋지지만, 이 세상에는 계속 굴러가서 어떤 일에도 대처할 수 있는 박학다식한 사람이 더 필요하다. 어떻게 하면 여러 분야에 풍부한 지식과 경험을 가진 사람이 될 수 있을까? 철학을 통해 무엇이든 깊이 생각하고, 자신의 의견을 가질 수 있으면 저절로 그렇게 된다. 언제까지나 굴러가자. 철학을 하면서!

────── **철학을 하면 기적이 일어난다** ──────

내 삶은 비교적 순탄한 편이다. 대학 교수로서 날마다 학생들을 가르치고 연구하는 틈틈이 철학자로서 책을 쓰거나 텔레비전 방송에 출연한다. 이런 나에게 주위 사람들은 '활약이 대단해요!' 하고 말한다. 확실히 그렇다. 나도 20대 후반에 5년 동안이나 백수였다는 사실이 믿기지 않을 정도다.

하지만 내가 노력해서 삶이 변한 건 아니다. 물론 노력을 했지만, 노력은 나 말고도 모두가 한다. 입시 공부도 그렇다. 모두가 노력하지만 모두 합격하지는 않는다. 그렇다면 도대체 무엇이 내 삶을 변화시켰을까? 그건 내가 철학을 공부하는 동안 몇 가지 기적이 일어난 덕분이다. 마지막으로 그런 기적이 일어나는 방법을 여러분에게 알려 주려고 한다. 이렇게 말하면 해리 포터가 나오는 마법 이야기라도 하려나 기대할지도 모르지만, 아쉽게도 그건 아니다.

나는 철학자라서 이치에 맞는 말밖에 할 수 없다. 하지만 그렇기 때문에 내가 지금 들려줄 이야기는 사실이고, 누구에게나 일어날 수 있다. 기적이란 예상치 못한 놀라운 일을 가리킨다. 기적이 이런 뜻이라면 여러분에게도 일어날 수 있다고 충분히 믿을 수 있을 것이다.

중요한 건 철학을 통해 기적이 일어난다는 점이다. 철학의 의미에 대해서는 앞에서 이야기했으니, 더 이상 설명하지 않겠다. 철학은 지금까지 여러분이 일상에서 경험해 본 적 없는 생각 방법일 것이다. 나도 그렇게 느꼈다.

아직 철학은 구구단이나 한자, 영어 단어처럼 모든 사람이 학교에서 배우지는 않는다. 구구단을 외면 빠르게 계산할 수 있다든가 한자를 배우면 한자로 된 설명서를 읽을 수 있다든가 하는 식으로 배움의 결과를 예상할 수 있다. 그런데 철학은 대부분의 사람들이 제대로 배워 본 적이 없기 때문에 배운 뒤에 무슨 일이 생길지 짐작할 수가 없다.

나도 잘 모르겠다. 교과서에는 철학을 배우면 사물의 본질을 알 수 있고 더 선하게 살 수 있다고 쓰여 있지만, 더 명확한 내용은 적혀 있지 않다. 그렇다면 반대로, 철학을 배우고 실천하기만 해도 생각지도 못한 일이 일어난다는 말이 되지 않는가. 그래서 나는 철학을 하면 기적이 일어난다고 말한다. 나는 철학 덕분에 예기치 못한 기적을 경험했다.

철학을 배운 덕분에 사람들이 지레짐작하는 것과 모두 좋다고 말하는 것을 의심할 수 있었다. 그리고 그 때문에 남에게 좋은 방식이 아니라, 나에게 좋은 삶의 방식을 발견할 수 있었다. 또한 여러 가지 새로운 일에 도전할 수 있었다. 아무도 하지 않는 것을 하겠다고 용기 낼 수 있었던 것도 철학을 통해 사물의 본질을 꿰뚫어 볼 수 있었기 때문이다. '이거라면 틀림없어!', '분명 잘 될 거야' 하고 말이다.

이 책을 읽고 철학을 배워 나갈 여러분에게는 앞으로 깜짝 놀랄 만큼 많은 기적이 일어날 것이다. 철학을 배우면 무엇보다 자기 의견을 가지게 된다. '설마 그럴 리가 있겠어?' 하고 지금은 믿지 못할지도 모르지만, 철학을 하면 정말 그런 일이 일어난다. 부디 철학의 힘을 믿고 삶에 기적을 일으키길 바란다. 아니, 이 책으로 이미 철학 공부는 시작되었으니 여러분 삶에 벌써 기적이 일어나기 시작했을지도 모른다.

부모와 교사에게
전하고 싶은 말

작은 철학자들과 대화를!

나는 10대 중고등학생에게 말을 건다고 생각하며 이 책을 썼다. 중학생에게는 조금 어려운 내용도 있을지 모르지만, 이 책이 10대 독자들로 하여금 생각하는 계기를 만들어 주기 바랄 뿐이다.

물론 성년이 지난 어른이 읽을 수도 있다고 생각하며 썼다. 특히 10대 자녀를 둔 부모나 교사가 먼저 책을 읽고 아이들에게 권해 주기를 기대한다. 중고등학생은 이런 딱딱한 책을 좀처럼 집어 들려고 하지 않으니 말이다. 아주 중요한 메시지도 접할 기회를 얻지 못하면 아무런 소용이 없다.

부록에서는 부모와 교사에게 내가 전하고 싶은 말을 몇 가지 써 보려고 한다. 먼저, 주위의 '작은 철학자들'과 대화를 나눠 보기를 바란다. '작은 철학자들'은 일본에서 2011년 개봉한 프랑스 다큐멘터리 영화의 제목이기도 하다.*

영화는 프랑스의 한 유치원에서 아이들에게 철학 대화 수업을 하면서 벌어지는 일을 담고 있다. 아이들은 처음에는 무슨 일인지 모르고 별 관심을 보이지 않지만, 2년을 거치면서 차츰 바뀌어 간다. 아이들은 어느새 어른 수준의 성숙한 철학적 대화를 나눌 수 있게 된다. 철학 교사가 부모에게 강조한 것은 철학적 대화를 가정에서도 계속해 달라는 것이었다. 유치원에서 철학 수업을 할 수 있는 건 한 달에 고작 몇 번이었기 때문이다. 아이들은 흥미가 생기면 집에서도 이야기한다. 그 이야기를 부모가 진지하게 받아들여 주면 아이들의 생각이 깊어진다.

나는 이런 과정이 지금 10대에게 필요하다고 느낀다. 이 책에서 강조했듯이, 앞으로 학교에서 아무리 철학적 대화와 생각하는 방법을 가르친다고 해도 교실에서 끝나면 철학은 그저 평범한 과목이 되고 실제 사회에서 별 쓸모가 없게 된다.

---

* 영화의 원래 제목은 'Ce n'est qu'un début', 즉 '시작일 뿐이야'이다.

다른 과목과 달리 철학은 혼자서 연습 문제를 푼다고 실력이 늘지 않는다. 여러 사람과 대화를 나누는 동안 실력이 늘어나고 자기 것이 된다.

그러므로 10대가 철학을 배우고 자기 것으로 만들 수 있도록 가까이에 있는 어른, 즉 부모와 교사가 도와야 한다. 부모는 아이들이 고민을 털어놓기에 가장 알맞은 상대다. 교사도 학교에서 이야기를 나누기에 좋은 상대다.

아이들은 자기 주위의 것을 철학 주제로 삼으면 더 진지하게 생각을 펼칠 수 있다. 그렇게 하면 철학이 그저 학문이나 과목이 아니라 자신의 문제를 해결하는 도구라는 사실을 자연스레 깨닫게 된다. 더 나아가 철학이 사회 문제를 해결하는 도구가 된다는 사실도 알게 된다.

10대 청소년을 '작은 철학자들'이라고 부르는 것이 그들에게 실례일지도 모르겠다. 하지만 나는 몸집이나 나이 때문에 작다고 말하는 게 아니다. 철학을 막 시작한 젊은이들이라는 뜻에서 그렇게 표현하는 것이다. 역사에 오랫동안 남을 만한 업적을 이룬 철학자를 '대철학자'라고 부른다. 이처럼 세상만사를 깨달은 것 같은 이들도 위대한 철학자가 되기 전에는 모두가 작은 철학자였다.

어른들이 10대인 작은 철학자들의 진지한 이야기 상대가 되어 주었으면 좋겠다. 그 아이들을 위해서, 또한 어른들 자신을 위해서 말이다. 나는 10대 아이들과 대화할 때마다 아이들의 관점과 에너지에 깜짝 놀란다. 어른은 나이 들면서 생각이 굳고 에너지가 줄어든다. 이런 어른에게 10대와 나누는 대화는 어른 자신의 생각을 활성화할 수 있는 귀중한 기회인 셈이다.

생각해 보면 사회를 바꾸는 건 10대만도 아니고 어른만도 아니다. 다 함께 힘을 합쳐야 한다. 그러므로 어른과 아이가 함께 생각하고 대화 나누는 건 당연한 일이다. 그저 아이를 상대해 준다는 태도가 아니라 동등한 입장에서 대화하기를 바란다. 그러는 게 분명 더 즐겁다.

스스로 올바른 길을 찾도록 가르치자

현재 일본의 10대 청소년이 학교에서 철학을 만날 기회는 고등학교 윤리 시간뿐이다. 그마저도 고등학교 과정이 의무교육이 아니고 윤리 과목이 없거나 선택 과목인 고등학교도 많아서, 실제로는 많은 청소년이 철학을 접할 수조차 없는 것이 현실이다.[*]

[*] 한국에서는 고등학교 사회 탐구 영역 안에 선택 과목으로 윤리와 사상, 현대사회와 윤리가 있으나 공통 이수 과목은 아니다.

앞에서 얘기했듯 철학이 어른이 되기 위한 도구라면, 철학을 배우기는커녕 접할 수조차 없는 수많은 청소년은 어떻게 어른이 될 수 있을까?

일본은 애니메이션과 만화가 발달한 나라다. 회사원이 통근 지하철에서 소년 만화를 읽고 있으면 놀림감이 되기도 한다. 소년 만화에서는 주로 미성숙한 주인공이 조금씩 성장하는 모습이 나오는데, 여기서 아름답게 그려지는 건 '성장'이 아니라 '미성숙함' 그 자체다.

미성숙함에 초점을 둔 내용이 만화에서는 재미있게 읽힐지 모르지만, 읽는 사람으로 하여금 어른이 되는 것을 영원히 거부하도록 만드는 장치가 될 수 있다. 만화 얘기를 하고 보니, 일본인은 자기 생각이나 의견을 숨김없이 말하는 데도, 사회에 대한 책임을 지는 데도 소극적이라는 생각이 든다.

국가가 정한 교육 내용에는 국가가 바라는 국민의 모습이 담겨 있다. 지금까지 교육 제도를 보면 국가는 국민이 스스로 사회를 세워 가는 어른이 되는 것을 바라지 않는 듯하다. 정치 교육에도 그다지 힘을 쏟지 않으니 말이다. 그렇다고 고등학교에서 윤리 과목을 필수로 정하거나, 중학교에서 의무로 가르친다고 해도 큰 효과를 얻을 수 있을 것 같지는 않다. 지금 윤리 과목은 암기 과목일 뿐이다.

물론 대학 입시에서 사고력이 중요해지면서, 학생들로 하여금 생각이란 걸 하게 하려고 수업 내용이 조금씩 바뀌고는 있다. 하지만 여전히 문제 풀이 중심이라는 한계가 있다. 윤리 시간에 배우는 건 논리적으로 생각하는 방법 정도다. 수많은 국민, 아니 청소년이 윤리를 이런 식으로밖에 만나지 못하는 건 너무 불행한 일이다. 나는 대학에 막 들어온 1학년 학생들을 만나면 항상 윤리를 좋아하는지 물어보는데, 그렇다고 답하는 학생이 거의 없다. 무미건조한 암기 과목을 좋아하기란 불가능한 일이다.

고등학교 교사들을 탓하려는 게 아니니 오해하지 않기를 바란다. 교사는 학생들에게 사람과 삶에 대해 많은 이야기를 해 주고 싶을 것이다. 그리고 학생들이 깊이 생각하기를 바랄 것이다. 하지만 오늘날 교육 과정에서는 교사들이 그렇게 할 수가 없다. 그러므로 학생들이 철학과 윤리를 배우지 못하는 건 나라와 어른들 때문이다. 나 또한 어른이므로 책임이 있다. 그래서 윤리 과목을 바꿔 나가야 한다고 부르짖는 것이다.

만약 학교에서 윤리를 제대로 가르치려면, 철학과 윤리를 나누고 윤리 시간에는 사회에서 요구하는 윤리가 무엇인지 철저하게 가르쳐야 한다. 다시 말해, 사회 구성원으로서 마땅히 지켜야 하는 올바른 행동의 기준을 가르쳐야 한다. 사회는 구성원에게 무엇이 올바른지 판단하라고 끊임없이 다그친다. 직장 윤리와 환경 윤리, 최근에는 인공 지능 윤리에 이르기까지 다양한 분야의 윤리 문제를 두고 무엇이 올바른지 판단하게 한다. 그렇기 때문에 학교는 학생들이 사회에 나가기 전에 무엇이 올바른지 나름대로 판단하고, 새로운 문제에 부딪혔을 때 스스로 바른 답을 찾도록 이끌어야 한다.

초등학교와 중학교에서 배우는 도덕 과목도 마찬가지다. 도덕은 암기 과목은 아니지만, 삶을 잘 살아가는 예를 본보기로 보여 주고 학생들이 다 같이 암기해 따르도록 하는 데 그친다. 이렇게 훌륭한 삶의 방식과 멋진 사람이 있다, 우리도 그렇게 살자 하는 식으로 말이다.

하지만 어떻게 살지는 스스로 찾아야 한다. 국가가 본보기를 보여 주는 건 좀 이상하다. 도덕 시간도 어른이 정해진 가치관을 밀어붙이는 게 아니라 아무것도 없는 백지상태에서 아이들이 스스로 생각할 수 있는 시간이 되어야 한다.

철학을 실제 삶에 적용할 수 있게 가르치자

대학교의 철학 강의는 어떨까? '철학'이라는 학문을 만날 수 있는 기회는 대학교의 '철학 개론' 강의 정도일 것이다. 교양 과목 가운데 하나로 개설되어 있다. 철학 전공자가 아니면 대개 이런 강의에서 철학을 배우는 데 그친다.

철학 개론 강의는 많게는 일주일에 1회씩, 한 학기에 15회 열리거나, 적게는 그 절반인 총 8회 정도 진행된다. 게다가 대부분은 교수가 전공한 분야에만 집중한다. 헤겔을 전공했다면 주로 헤겔 철학을 다룬다. 아니면 철학을 처음 접하는 학생들에게 철학사, 즉 철학의 역사를 소개하기도 한다. 고대 그리스부터 근대와 현대로 이어지는 철학의 흐름을 대충 요약해서 소개한다.

대학교 철학 강의가 이런 식이라면 고등학교 윤리 과목과 별반 다르지 않다. 그래서 학생들에게 그다지 인기가 없는 것 같다. 교수가 자기 전공 분야만 이야기하는 것도 재미없고, 철학사를 수박 겉핥기로 훑어보는 것도 지루하다. 철학 강의가 더 재미있고 삶에 이로우려면 어떻게 바뀌어야 할까? 나는 학생들이 철학을 생각하는 도구로서 만날 수 있도록 교과 내용을 바꿔야 한다고 본다. 학생들이 철학을 실제 삶에 활용할 수 있는 법을 가르쳐 주어야 한다.

그래서 나는 철학 입문 강의의 주제를 '철학을 한다는 것이 무엇인가?'라고 정했다. 학생들이 철학을 도구로 삼아 생각을 펼쳐 나가고, 삶에 적용하는 방법을 다양한 각도에서 살펴보고 실천하도록 이끌고 있다. 이런 얘기를 하면, 많은 사람이 100명 넘게 수강하는 강의에서 어떻게 그런 수업을 하느냐는 반응을 보인다.

과연 그럴까? 온라인 수강이 가능한 하버드대학교의 교육 강의 '정의란 무엇인가Justice'에서 마이클 샌델 교수는 1,000명이나 되는 학생을 상대로 대화를 나누며 수업했다. 다양한 과제를 주고 여럿이 조를 짜서 토론하도록 하면 충분히 수업을 진행할 수 있다. 실제로 나는 그런 방식으로 학생들과 대화도 나누고 과제도 내준다. 그러니 학생 수가 많으면 교수가 일방적으로 말하는 수밖에 없다는 생각은 틀렸다. 몇 명이든 서로 소통하고 실천하는 수업을 할 수 있다. 온라인 강의에서도 마찬가지다.

대학에 입학한 사람이라면 이런 입문 강의에서 처음 철학을 만난다. 그 강의에서 재미없다는 생각이 들면, 앞으로 평생 철학은 쳐다보지도 않을 것이다. 그건 어른으로 성숙해 가야 하는 학생들에게 큰 손실이다. 그러니 배움의 수준을 좀 낮추더라도 학생들이 철학을 쓸모 있는 학문으로 깨닫도록 이끌어야 한다. 그리고 무엇보다 철학을 덮어놓고 어렵게 느끼지 않도록 만들어야 한다.

지금까지 고등학교 윤리와 대학교 교양 철학의 문제점을 설명했다. 일본에서는 최근 이런 문제를 해결해 줄 새로운 길이 열렸다. 그것은 2022년부터 고등학교에 도입된 과목 '공공公共'이다.

공공은 생각하는 학문으로서 철학을 배우고, 사회에서 마땅히 지켜야 할 도리로서 윤리를 배우는 과목이다. 비중으로 보면, 수업의 3분의 2는 정치 교육, 나머지 3분의 1은 철학 교육이다. 정치 교육도 내용에 따라 차이가 있겠지만, 주로 사회에 대해 생각해 본다면 그 또한 철학 교육이라 볼 수 있다. 왜냐하면 철학은 개인뿐 아니라 사회도 대상으로 삼기 때문이다. 이 말은 개인의 문제뿐 아니라 사회의 문제도 생각하는 것이 철학의 일이라는 뜻이다.

철학 교육 시간에는 생각 실험을 하거나 철학적 대화를 나눌 거라고 예상했는데, 공공 과목을 처음 만드는 일에 참여한 교사들의 이야기를 들어 보면 그게 쉽지 않은 듯하다. 왜냐하면 수업 시간이 정해져 있고. 교과 과목이라서 평가를 해야 하기 때문이다.

평가의 측면에서 보면 학생들에게 교과서에 나오는 굵은 글씨로 된 중요한 용어나 인물을 외우게 하는 편이 낫다. 하지만 수업이 계속 그런 식으로 이어지다가는 윤리 과목처럼 되지 않을까 걱정된다. 교사들이 객관적 평가는 어렵더라도 어떻게든 학생들이 펼친 생각을 토대로 성과를 평가해 주기를 바란다.

예전에 교사 연수회에서 이런 얘기를 했더니, 한 교사가 절대적으로 옳은 정답이 없는 물음에 대한 평가는 구체적으로 어떻게 해야 하느냐고 물었다. 나는 학생이 열심히 생각했는지의 여부만을 기준으로 삼아 평가해 보기를 제안했다. 쉽지 않지만, 학생이 얼마나 필사적으로 생각하는지는 교사가 학생을 잘 관찰하기만 하면 알 수 있다.

평가도 숫자로 하기보다는 몸부림치듯 표현해 보면 어떨까? 예를 들어, 학생 A의 공공 과목 성적은 일반적인 평가 방식으로는 '매우 잘함'이지만 교사가 'A는 자기 생각을 표현하기 위해 상식을 넘어 새로운 말을 만들고 얼굴을 붉히면서 그 말의 의미를 열심히 설명했다'라고 평가하면 어떨까. 이러면 읽을 맛이 나는 성적표가 될 것이다.

철학이 교과 과정에 들어가니 교사도 철학을 공부하는 수밖에 없다. 교사가 철학을 공부한다는 것만으로도 성적 평가 방식에 영향을 미칠 것이다.

나는 철학이 가장 중요한 과목이라고 생각한다. 결코 과장이나 농담이 아니다. 아직도 대부분의 사람이 대학 교양 강의 정도에서만 철학을 접할 수 있다는 게 안타까울 뿐이다.

모든 학문은 철학에서 탄생했다고 말해도 지나치지 않다. '만학萬學의 아버지'라고 불리는 아리스토텔레스가 철학자였다는 점이 그 증거다. 그래서 지금도 학문의 정점에 이른 사람에게 박사 학위를 수여할 때 영어로 'Ph.D.'라는 호칭을 붙인다. 여기서 'Ph'는 'Philosophy' 즉, '철학'의 줄임말이다. 이것은 모든 학문의 정점에 철학이 있다는 뜻이다. 또는 어떤 학문이든 통달한 사람은 철학자와 같다는 뜻이다. 왜냐하면 철학은 본질을 탐구하는 학문인데, 어떤 분야의 박사라는 건 그 분야의 본질을 꿰뚫은 사람이기 때문이다.

이처럼 학문을 연구하는 사람에게는 철학이 중요하다. 그리고 초등학생이나 중고등학생에게도 똑같이 철학은 중요하다. 철학은 생각하기 위한 기초 학문이기 때문이다. 초등학생은 국어, 수학, 과학, 사회, 영어, 체육, 음악을 비롯해 여러 과목을 배운다. 그런데 어느 과목도 생각하지 않으면 잘할 수가 없다. 암기 과목도 실은 생각을 해야 잘할 수 있다.

흔히 역사가 전형적인 암기 과목이라고 여기지만, 그렇지 않다. 역사적 인물과 사건의 연도를 무턱대고 외워 봤자 아무 소용도 없기 때문이다. 사건이 왜 일어났는지, 어떻게 그 사람들과 연관되어 있는지 생각해야 비로소 역사 지식이 의미를 지니게 된다. 그 의미마저 암기하는 사람이 있는데, 이 또한 아무 의미 없는 짓이다. 조금만 각도를 바꾸어 질문하면 대답할 수 없게 되기 때문이다.

이런 일이 일어나지 않으려면 철학을 배워서 생각을 할 수 있도록 해야 한다. 그러면 암기에만 매달리는 일이 없어진다. 철학은 수학과 체육에도 두루 적용되는, 생각을 하기 위한 토대가 된다.

만약 철학이 초등학교와 중학교에서 의무 교육 과정으로 들어가면 어떨까? 한번 상상해 보자. 일단 학생들이 수학 문제를 풀 때 예시를 보고 그대로 공식을 적용하는 일이 없어질 것이다. 학생들은 공식이 왜 그렇게 만들어졌는지에 관심을 기울이고, 다른 해법도 발견할 것이다. 그러다 보면 몇 년 동안 풀리지 않았던 어려운 수학 문제를 초등학생, 중학생이 푸는 일이 벌어질지도 모른다.

사회 시간에는 학생들이 교과서에 쓰여 있는 내용에 의문을 가지고 차례차례로 손을 들고 물어보며 토론을 벌이게 된다. 이렇게 해서 정치에 관심이 생기면 청년 투표율이 빠르게 높아질 것이다. 초등학생의 장래 희망 1순위가 유튜버 아닌 정치인으로 바뀔지도 모른다.

　수많은 교육 문제와 사회 문제는 철학을 의무 교육으로 도입하면 해결될 가능성이 있다. 그럼에도 불구하고 어른들이 철학 교육을 망설인다면, 뭔가를 두려워하고 있다고밖에 말할 수 없다. 어쩌면 그것은 사회가 크게 바뀌는 것에 대한 두려움이 아닐까 의심해 보자.

철학을 더 알고 싶을 때 읽을 만한 책들

이 책에서는 몇몇 철학자와 철학 개념을 소개했다. 철학을 더 자세히 알아보고 싶은 사람은 아래 책들을 읽어 보면 좋겠다. 되도록 고전을 읽는 것이 좋지만, 10대에게는 너무 어려울 수도 있기 때문에 입문서와 해설서 중심으로 소개하려고 한다. 고전은 아래 책들을 읽은 뒤에 읽어 보기를 권한다. 수준에 맞지 않는 책을 읽다가 무리하지 않도록, 10대가 읽을 수 있는 책으로 골랐다. 그러니 꼭 도전해 보기를 바란다. 본문에 나오는 순서대로 책을 소개한다.

임마누엘 칸트 〈'계몽이란 무엇인가'에 대한 답변〉, 《영구 평화론》

〈'계몽이란 무엇인가'에 대한 답변〉은 내가 본문에서 처음으로 소개한 칸트의 에세이다. 칸트의 글은 어렵기로 유명하지만, 꼭 읽어 보기를 권한다. 이 책의 내용을 이해했다면 읽을 수 있을 것이다. 칸트는 에세이에서 '미성년자는 나이가 어린 사람이 아니라 지성을 활용할 줄 모르는 사람을 가리킨다'고 말했다. 《영구 평화론》은 국제 연맹과 국제 연합이 만들어지는 데 토대가 된 칸트의 유명한 평화론이 담겨 있으므로 함께 읽어 보기를 권한다.

장 자크 루소 《사회계약론》

루소는 사회계약설을 주장한 것으로 유명하다. 루소가 쓴 《사회계약론》은 고전이지만 분량이 많지 않고 내용도 크게 어렵지 않아서 읽어 볼 만하다. 루소가 책에서 말하고자 한 것은 사람들이 공통적으로 가지고 있는 일반 의지를 바탕으로 왕이 아닌 국민들이 스스로 사회를 다스려야 한다는 것이다. 이 주장이 바탕이 되어 실제로 프랑스 혁명이 일어났다.

사이토 고헤이 《지속 불가능 자본주의》

독일의 공산주의 혁명가인 마르크스의 후기 사상이 널리 알려진 것과는 달리 '탈성장 코뮤니즘'을 이야기한다고 주장해 화제가 된 책이다. 현재 새로운 자료가 속속 밝혀지면서, 마르크스의 사회주의가 환경 문제까지 고려한 현대 사회의 이상적 사상이라고 말하는 저자의 주장에 설득력을 더한다. 마르크스의 저서로는《자본론》이 유명하지만, 중고등학생이 바로 읽기에는 쉽지 않다. 이 책은《자본론》을 읽기 전에 보는 마르크스 입문서가 될 수도 있다.

아리스토텔레스《니코마코스 윤리학》

나는 본문에서 아리스토텔레스의 우정론에 대해 이야기했다. 아리스토텔레스가 말한 '필리아'는 우정을 뜻한다. 본디 사랑이나 우애를 뜻하는 말이지만, 우정이라고 이해해도 된다. 아리스토텔레스의 필리아에 대해서는《니코마코스 윤리학》을 읽으면 더 잘 알 수 있다. 우정에 대한 내용은 조금이지만, 아리스토텔레스의 사고방식 전체가 담겨 있어 왜 그가 우정을 중요하게 여겼는지 이해하게 된다.

장 폴 사르트르《실존주의는 휴머니즘이다》

사르트르와 보부아르의 결혼에 대한 생각이 담긴 책이다. 결혼에 대해 이야기하는 책은 아니지만, 사르트르와 보부아르가

맺은 계약 결혼이라는 파격적인 행동의 토대에 어떤 사상이
있는지 보여 준다. 사르트르가 실존주의에 대한 강연을 한 뒤
에 강연에서 다뤄진 이야기를 모아 만든 책으로 비교적 이해
하기가 쉽다.

블레즈 파스칼 《팡세》

나는 본문에서 파스칼이 인간을 가리켜 '생각하는 갈대'라고
표현했다고 썼다. 바로 그 표현이 나오는 책이 《팡세》다. 수학
자이자 물리학자이며 철학자, 종교 사상가이기도 했던 파스칼
이 죽은 뒤, 사람들이 그가 생전에 썼던 글을 모아서 엮은 책
이다. 파스칼의 수많은 격언과 기독교에 대한 이야기가 담겨
있다. 격언은 중고등학생도 읽고 이해할 만하다. 고전을 접하
기에 좋은 책이다.

르네 데카르트 《방법서설》

'나는 생각한다, 고로 존재한다'는 명언이 나오는 책이다. 얇
은 책이니 꼭 도전해 보기를 권한다. 데카르트 철학의 핵심은
처음부터 의심하여 결국 절대로 의심할 수 없는 확실한 것을
발견하는 데 있다. 그가 마침내 발견한 확실한 것은 바로 의
심하고 있는 자기 자신의 의식이다. 그 깨달음을 '나는 생각한

다, 고로 존재한다'고 표현했다. 이 핵심을 알고 보면 고전이
지만 어렵지 않게 읽을 수 있다.

한나 아렌트 《인간의 조건》

나는 본문에서 아렌트의 일에 관한 철학을 소개했다. 아렌트는
일을 노동, 일, 활동 세 가지로 구분하였다. 이 가운데 특히 강
조한 것은 활동, 즉 넓은 의미에서 정치 활동이다. 그래서 아렌
트는 공공철학의 조상으로 꼽힌다. 고전인 데다 분량이 만만치
않아 조금 버거울 수도 있지만, 꼭 도전해 보기를 바란다.

미코시바 요시유키 《그렇다면, 칸트를 추천합니다》

나는 본문에서 칸트의 '물자체'를 다루었는데, 이것이 무엇인
지 제대로 이해하기가 쉽지 않다. 칸트가 쓴 고전 《순수이성
비판 Kritik der reinen Vernunft》이 있지만, 엄청나게 어려운 책이라 중
고등학생이 읽기는 힘들다. 그래서 입문서인 이 책을 소개한
다. 청소년을 대상으로 쓴 책이라 여기에 소개한 책들 가운데
가장 쉬운 책이 아닐까 생각한다.

장 자크 루소 《에밀》

루소가 교육에 관해 쓴 책이 바로 《에밀》이다. '에밀'이라는

소년을 가정 교사가 교육해 나가는 과정을 소설 형식으로 담아낸 교육서다. 소설에 나오는 에밀도 루소이고, 가정 교사도 루소 자신일 것이다. 그래서인지 현실과 이상이 아주 생생하게 묘사되어 있다. 꽤 두꺼운 고전이지만 내용이 쉬우니 꼭 한번 읽어 보기를 바란다.

그래서 당신의 의견은?

학교나 다른 장소에서 누군가가 "당신의 의견은 어떤가요?"하고 물으면 여러분은 어떻게 하는가? 아마 바로 대답하지 못할 것이다. 사실 일본에서는 이런 질문을 하는 일 자체가 별로 없다. 왜 그럴까? 교사의 이야기나 다른 사람의 발표 내용을 자기 의견처럼 스스럼없이 받아들여 왔기 때문이다. "응. 그렇죠!" 하면서 그저 수동적으로 듣는 데 익숙하다. 하지만 여러분은 이제 달라져야 한다.

나는 이 책에서 어른은 자기 의견을 가진 사람이라고 말했다. 고작 몇 년만 지나면 성인이 될 여러분은 부지런히 학교 안팎에서 자기 의견을 가지는 방법을 배우고 훈련해야 한다. 그러면 사회에 나가서도 제 능력을 발휘할 수 있을 것이다.

사회에 자기 의견을 가진 사람들이 늘어나면 '나는 이런 생각을 가지고 있는데, 당신의 의견은 어떤가요?' 하고 서로 의견을 묻고 생각을 나누는 일이 일상이 된다. 이처럼 사람들이 저마다 깊이 생각하고 서로 의견을 나누는 것이 앞으로 다가올 사회의 모습이다. 그리고 이런 사회를 이루어 나가는 교육의 중심에 철학이 있다. 철학이 왜 중요한지, 철학은 어떻게 하면 되는지는 이 책에서 충분히 설명했다. 그 뜻을 바르게 이해하고 실천하는 건 여러분 몫이다.

어른이 되어 사회에 나가기 전에 철학을 배우고 자기 의견을 가질 수 있는 사회를 만들어 보자. 이것이 내 의견이다. 당신의 의견은 어떠한가?

지식은 모험이다 28

느닷없이 어른이 될
10대를 위한 철학 책

처음 펴낸 날   2024년 3월 5일
두번째 펴낸 날   2024년 8월 23일

글   오가와 히토시
옮김   전경아
감수   문종길
펴낸이   이은수
편집   김연희, 오지명, 박진희
디자인   원상희
마케팅   정원식
펴낸곳   오유아이(초록개구리)
출판등록   2015년 9월 24일(제300-2015-147호)
주소   서울시 종로구 비봉 2길 32, 3동 101호
전화   02-6385-9930
팩스   0303-3443-9930
인스타그램 instagram.com/greenfrog_pub

ISBN 979-11-5782-279-9 44100
ISBN 978-89-92161-61-9 (세트)